나이키 리셀의 정석

나이키 리셀의 정석
Art of Reselling Nikes

프롤로그 ---------------------------------- 004

01 수요와 공급
어디서부터 이런 리셀 문화가 시작되었는가? ---------- 011
왜 수많은 브랜드 중에 나이키여야 하는가? ----------- 024
어떻게 나이키는 시장에서 최강자로 군림하게 되었는가? - 027
나이키만의 특별한 운영방식이 있는가? ------------- 037
나이키가 이런 문화를 만 들어 낼 수 있던 이유는? ------ 041

02 매도와 매수
중개업체 부수기 ----------------------------- 045
판매 꿀팁 --------------------------------- 068
택배 꿀팁 --------------------------------- 070
중개업체 꿀팁 ------------------------------ 085
개인 간 거래의 장점과 단점 -------------------- 086
나이키의 방식 ------------------------------ 094
번개장터, 크림, 솔드아웃 --------------------- 099
프로 리셀러를 위한 꿀팁 ---------------------- 105
절세의 기술 ------------------------------- 134
총정리 ----------------------------------- 136

03 해외 플랫폼 맛보기
환율에 따른 가격 차이 (발매가) --------------- 144
맨즈와 우먼즈 ------------------------------ 149
환율에 따른 가격 차이 (리셀가) --------------- 153
해당 국가의 관세 제도 ----------------------- 154
해당 국가의 제품 구매 시 부과되는 세금 -------- 184
국가별 수요와 공급 -------------------------- 200
위 요소들에서 얻을 수 있는 노하우 ------------- 214

04 나만의 철칙
제너럴 릴리스와 콜라보 ----------------------- 216
단기 투자와 장기 투자 ------------------------ 220

에필로그 ------------------------------- 225

프롤로그

나는 학창 시절부터 신발을 좋아해 왔다. 그리고 지금까지 오랜 기간 신발을 수집하고, 아껴 신고, 보관하고, 관리하며 살아왔다. 그래서인지 몇 명 안되는 가까운 사람들에게 이런 질문을 많이 받는다.
"신발 그거 돈이 되는 거 맞지?" 이런 원초적인 질문을 받게 되면 수많은 생각이 든다. 돈이 된다는 말의 의미는 뭔지, 신발을 왜 돈의 수단으로 보는지, 그리고 과연 신발로 돈을 벌 수 있는지. 긴 고민 끝에 그 질문들에 대답을 해주고 싶다는 생각이 들었고, 이를 계기로 이 책을 쓰게 되었다. 우선 간략하게나마 결론부터 말하자면 '신발이 돈이 되는가?' 에 대한 나의 대답은 다음과 같다. '그렇다. 돈이 될 수 있다.'

그럼 본격적인 이야기에 앞서, 기반이 되는 중요한 두 가지 사실을 알리고 싶다.

첫 번째, 내가 전문적으로 아는 분야는 나이키 신발이다. 그러므로, 타 브랜드의 신발에는 앞으로 나올 전략들이 통하지 않을 수 있다. 다만 비슷한 형태의 시장이 구축되어 있기 때문에, 참고 정도는 가능하다.

두 번째, 이 책을 읽을 사람은 나이와 성별이 제각각일 거다. 시장에 대한 지식이 없는 사람도 쉽게 따라올 수 있도록 매매 경험이 없는 초급자의 눈높이에서 글을 썼다. 만약 본인이 이미 전문가라면, 크게 도움은 되지 않을지 모른다.

자, 그럼 이제부터 내가 아는 것들을 풀어보겠다. 이른바 신발 리셀 시장이라는 것이 어떻게 돌아가고, 왜 그렇게 돌아가게 되었는지 알기 위해서는 많은 설명이 필요하다. 누구나 알고 있듯, 자유시장에서 물건의 가격을 결정하는 가장 큰 요인은 수요와 공급이다. 따라서 수요와 공급에서 주요한 포지션을 차지하는 두 그룹에 대한 간략한 설명부터 시작하겠다.

01 수요와 공급

이 시장에 처음 진입하는 사람에게는 '리셀'이라는 단어 자체가 생소할 거다. 생소한 단어지만, 사실 어려운 의미는 아니다. 리셀(resell)이란 영단어로 '물건을 되판다'는 의미다. 그리고 그런 행위를 하는 사람을 리셀러(reseller)라고 부른다. 이 사람들이 위에서 말한 수요와 공급에서 공급을 담당하는 사람들이다. 여기에 신발을 좋아하는 사람을 지칭하는 여러 가지 단어가 있는데 컬렉터(collector), 스니커헤드(sneaker head), 하입비스트(hypebeast) 등이다. 이 그룹은 수요를 담당한다. 이 두 그룹을 먼저 정의한 이유는 '신발'이라는 상품을 둘러싼 가격과 거래, 문화 등 다양한 요소들이 두 그룹 간의 긴밀한 이해관계에 따라 결정되기 때문이다. 그럼 이 수요와 공급은 어떻게 생겨났을까? 나이키 신발은 왜 돈이 되는 걸까?

나이키 신발이 왜 돈이 되는지 이해하려면 나이키의 역사를 알 필요가 있다. 알다시피 나이키는 미국의 스포츠용품 브랜드이며, 운동화를 비롯하여 의류, 모자 등 다양한 제품을 판매하는 회사다. 현재 스포츠용품 시장에서 독보적인 1위 기업으로 미국을 대표하는 기업 중 하나이기도 하다.

필 나이트와 빌 바우만이 1964년 창립했으며 현재 시가 총액은 약 190조 원으로 기업 가치로는 전 세계 77위, 패션 브랜드에서의 입지는 전 세계 1위다. 다음 그래프에서와 같이 명품 브랜드나 타 스포츠웨어 브랜드를 제치고 굳건히 1위를 지키고 있다.

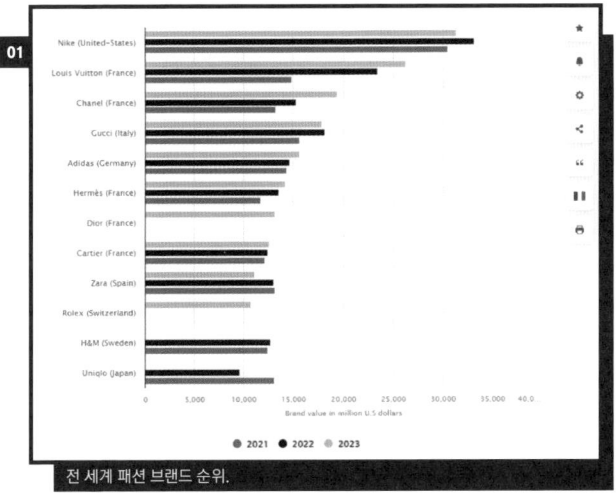

전 세계 패션 브랜드 순위.

그런데 왜 이런 나이키 신발이 마치 주식처럼 사고팔리며, 가격이 왔다 갔다 하는지는 모르는 사람이 많다. 이 현상을 이해하려면 나이키가 어떻게 대중의 마음을 사로잡았으며 세컨드 마켓에서 최강자로 군림하게 되었는지, 그리고 왜 이 신발들이 돈이 되는지 알아야 한다.

나이키 에어포스 1 로우.

과연 나이키 신발은 '전부' 돈이 될까? 그건 아니라고 하겠다. 특정 모델들을 제외하면 리셀에서의 밸류는 거의 없는 편이다. 나이키라고 해서 전부 돈이 되는 건 아니라는 이야기다. 이를 이해하기 위해서는 몇 가지 포인트를 알아야 한다.

나이키 리셀 이해 포인트

- ✓ **1** 어디서부터 이런 리셀 문화가 시작되었는가?
- ✓ **2** 왜 수많은 브랜드 중에 나이키여야 하는가?
- ✓ **3** 어떻게 나이키는 시장에서 최강자로 군림하게 되었는가?
- ✓ **4** 나이키만의 특별한 운영 방식이 있는가?
- ✓ **5** 나이키가 이런 문화를 만들어 낼 수 있던 이유는?

어디서부터 이런 리셀 문화가 시작되었는가?

질문에 대한 대답은 다음과 같다. 리셀이라는 용어가 거창하게 느껴질 수도 있으나, 결국 상품의 가격을 판매자와 소비자가 정해 거래하는 것이다. 신발을 주식처럼 거래한다고 생각하면 쉽다.

주식에서 매수가, 매도가가 있는 것처럼 리셀도 판매자와 구매자가 매수가, 매도가를 정하여 현물로 거래한다. 나이키 초창기인 1980년도부터 이 문화는 조금씩 자리 잡기 시작한다. 그리고 그 중심에는 크게 4가지 모델의 신발이 있다. 이제부터 4가지 모델에 집중해서 이야기를 해보겠다. 4가지 모델은 바로 에어포스, 에어맥스, 덩크, 조던이다. 나이키 역사상 최고의 스테디셀러로 각각 발매 이후 현시점까지 가장 거래가 가장 많은 4가지 대표 모델인 셈이다. 에어맥스를 뺀 나머지 3가지 모델은 나이키의 아이덴티티에 걸맞게 농구화로 출발한 신발이고, 에어맥스가 유일하게 러닝화로 제작된 신발이다. 나이키 에어포스는 1982년, 덩크는 1985년, 조던은 1985년, 에어맥스는 1988년 처음 발매되었다.

나이키 에어맥스 95.

    이 4가지 모델에는 다시 수많은 세부 모델이 존재한다. 그 세부 모델들 전부가 돈이 된다고 보기는 힘들다. 시장에서 활발하게 거래되며 리셀가를 형성하는 세부 모델은 정해져 있다. 에어포스의 경우 로우, 미드, 하이 모델이 스테디셀러이며, 에어맥스의 경우 맥스 1, 90, 95, 97이 스테디셀러이고, 덩크는 로우, 하이, SB덩크 모델이 주요 상품이다.

마지막으로 조던의 경우 조던 1부터 조던 13까지 모델이 주요 상품이 되겠다. 그렇다. 다시 말하지만 모든 나이키 신발이 돈이 된다고 생각하면 큰 오산이다. 대중이 열광하는 특정 모델들이 있고, 그 모델들의 수요와 공급에 따라 매수가와 매도가가 정해진다. 매수와 매도에 관한 이야기는 '02 매도와 매수'에서 상세히 다루도록 하겠다.

나이키 에어 조던 1 시카고.

4가지 모델인 에어포스, 덩크, 조던, 맥스는 리셀 시장에서 꾸준하게 강자였고, 그 흐름은 신발이 출시된 때부터 현재까지 이어지고 있다.

약 40년 동안 나이키는 스포츠 스타를 통한 마케팅과 유명 아티스트들과의 협업으로 입지를 다져왔다. 그 확고한 입지가 신발의 정식 발매가가 아닌, 사람들 사이에 거래되는 리셀가를 형성시켰고, 이것이 리셀 문화의 시작이다. 이 4가지 모델은 리셀 문화를 만든 시작점도 저마다 조금씩 다르다.

나이키를 현재 위치에 오게 한 나이키 브랜드의 1등 공신, 그리고 스테디셀러인 에어포스 1은 매해 평균 천만 켤레 이상 꾸준히 팔리고 있다. 이제는 나이키로부터 독립 운영되고 있는, 한 시대 최고의 아이콘으로 군림했던 에어조던은 나이키를 전 세계에 알리는 데 가장 큰 역할을 했다. 스포츠 스타의 탄생과 더불어 전 세계적인 마케팅의 성공, 그렇게 한 시대 최고의 아이콘으로 군림한 에어조던, 일본과 한국에서 특히 선풍적인 인기를 끈 에어맥스, 스트리트 문화가 생겨난 2000년대 초 스케이터들의 신발로 자리매김한 덩크는 각각 리셀 문화를 만든 시작점이 조금씩 다르다. 그렇게 이 4가지 모델은 리셀 문화의 문을 열어준 대표적 모델들이 되었다.

물론 리셀 문화를 잘 모르는 사람들의 관점에서는 이해가 안 갈 수 있다. 발매가가 10~20만 원인 신발이 수십, 수백, 그리고 어떤 경우에는 수천만 원에 육박하기도 하니 공감이 가지 않을 거다. 스니커헤드인 내가 봐도 이해하기 힘든 때가 있으니 말이다. 게다가 그렇게 웃돈을 주고 거래하는 신발들이 기능적인 면에서 더 뛰어난 것도 아니다. 오직 그 신발이 담고 있는 상징적인 스토리, 추억, 희소성 등에 고가의 프리미엄을 지불하며 거래가 이루어지는 셈이다.

리셀 문화를 만든 나이키 신발 4가지

- ✓ **1** 에어포스
- ✓ **2** 에어조던
- ✓ **3** 덩크
- ✓ **4** 에어맥스

어느 시점에서 리셀 문화가 시작되었고, 왜 그런지에 대하여 알아야만 신발로 돈을 벌 수 있는 건 아니다. 다만 어느 정도의 흐름을 알고 있어야 왜 이 상품에 투자해야 하고, 왜 이 상품이 성공할 확률이 높고, 왜 이 제품에 집중해야 하는지 등 책 후반부의 내용을 이해하는 데 도움이 된다. 유명 화가의 그림에 담긴 의미와 희소성, 그리고 거래자 간의 가격 합의에 의해 가치가 정해지는 것처럼, 신발 또한 의미와 희소성, 그리고 거래자 간의 가격 합의에 의해 가치가 정해진다.

● 에어포스 1은 1990년도 미국 뉴욕에서 선풍적인 인기를 끌게 된다. 1982년 한 나사 직원의 '농구화에 에어를 넣어보면 어떨까?' 라는 아이디어에서 출발하여, 나이키 에어가 처음 들어간 농구화로 에어포스 1이 출시된다. 신발 이름에서 알 수 있듯, 미국 대통령 전용기의 명칭에서 따온 것으로 보인다.

● 뉴욕 출신은 에어포스 1을 업타운(Uptown)이라는 별칭으로 부르며, 그렇게 뉴욕을 상징하는 신발 중 하나로 자리 잡는다. 그 당시 유행하던 힙합 문화에 크게 영향을 받았고, 수많은 아티스트들이 에어포스 1을 신으며 유명세는 이어져 왔다. 올백포스라고 불리는 에어포스 1 로우 흰색 모델은 나이키의 가장 오래된 스테디셀러이기도 하며, 북미뿐 아니라 세계적으로 가장 인기 있는 신발이다. 신발에 대해 무지한 사람도 길을 걷다가, 혹은 매체 등에서 이 신발을 수시로 보았을 확률이 높다. 한국에서도 많은 아티스트들이 착용하며 유명해진 모델이다.

에어포스 1 로우 올백.

● 흑인 래퍼 문화의 상징인 에어포스 1 로우 중 검은색 모델에는 재미있는 에피소드가 있다. 물론 일반인에게 적용되는 이야기는 아니지만 에어포스 1 로우 올검을 신었다면 나 오늘 큰일 하나 터트린다, 혹은 사고를 친다는 암묵적 의미다. 이는 갱스터 문화에서 비롯된 것으로, 올백 포스의 상징적 의미가 가장 깔끔하고 멋져 보이는 착장이라면, 올검 포스의 의미는 큰일을 치겠다는 각오다. 그래서 뉴욕의 빈민가나 불량한 사람이 많이 모이는 지역에서는, 검은색 포스를 신는 것에 대해 조심하는 태도가 아직도 남아있다.

에어포스 1 로우 올검.

● 나이키 신발 중에서 효자로 군림한 에어포스인 만큼, 2000년도 이후 수많은 협업을 진행한다. 대표적으로 스투시, 슈프림, 오프화이트, 루이비통, 꼼데가르송, 피스마이너스원 등의 스트리트 브랜드, 명품 브랜드와 협업을 했는데, 지금도 리셀 시장에서 주요한 상품들로 자리 잡고 있다. 명품 브랜드가 이례적으로 스포츠웨어 브랜드인 나이키와 협업을 한 것 또한 재미있는 포인트로, 최초의 협업 이후로 현재까지도 활발하게 이루어지고 있다.

에어포스 1 하이 슈프림.

2014년 발매. 슈프림 월드 페이머스(supreme world famous)라는 타이틀로 빨간색, 검은색, 흰색 총 3가지 컬러로 발매되었으며, 당시 발매가는 $150였다. 발매 이후 거래되고 있는 평균 거래가는 색상별로 상이하나 $550 정도다. 스트리트 브랜드의 대표 주자이자 가장 인기 있는 브랜드 중 하나인 슈프림(Supreme)은 1994년 미국 맨해튼에 첫 매장을 열었으며, 이후 꾸준히 나이키와 더불어 신발, 의류 등 스트리트 신에서 강세를 보였다. 최근 서울시 강남구에도 매장을 열었다.

GD 포스라고 불리는 Peace Minus 1(별칭 Para-Noise)은 빅뱅의 권지용과의 협업 제품이다. 나이키는 스포츠 스타가 아니면 협업을 해주지 않기로 유명한 기업인데, 권지용은 스포츠 스타 출신도 아닌 한국인 개인 아티스트로서 최초로 나이키와 협업을 따냈다. 2019년 11월 23일에 발매가 $200로 나온 피마원 포스는 현재까지 약 $450 정도에 거래되고 있다. 이후 그는 피마원 포스 2, Kwondo 1, 2 등의 모델로 꾸준히 나이키와 협업을 해오고 있다.

에어포스 1 로우 피스마이너스 원.

기존 나이키 모델 라인이 아닌 새로운 라인으로 발매한 Kwondo 역시 한국인 최초로, 게다가 기존 나이키 실루엣이 아닌 완전히 새로운 형태의 신발을 발매하는 기염을 토했다. 한류 열풍을 실감하게 해준 사건이다.

왜 수많은 브랜드 중에 나이키여야 하는가?

이에 대한 대답은 간단하다. 스니커 신에서 가장 오랫동안 최강자로 군림해 온 브랜드가 나이키이기 때문이다. 스우시(나이키 로고)는 늘 수많은 스니커헤드들의 심금을 울려왔고, 가장 유명한 스포츠 브랜드의 상징이 되었다. 주식으로 치면 대형주인 셈이다. 미국 채권이나 시가 총액 세계 100위 안에 드는 주식은 사서 잊고 있으면 오른다는 말이 있듯, 보통 나이키의 인기 모델은 일단 사 두면 리셀가가 붙는다. 그렇다고 맹신할 수는 없다. 다만 리스크가 적은 안전한 투자 방법이기 때문에 나이키를 추천하는 거다.

공격적인 마케팅과 나이키만의 독특한 경영 방식이 결국 현재 나이키를 이 자리에 있게 만들어 주었다. 당대 최고의 스포츠 스타들과의 협업, 기능성과 과학을 신발에 적용시킨 기술력, 문화에 대한 이해, 남들보다 빠른 기업혁신 등등. 핸드폰 하면 삼성, 애플이 있을 것이고, 디스플레이 하면 LG, 삼성이 있다. 그렇게 신발 시장에서 확고한 입지를 다진 회사가 나이키다. 신발에 투자하고 싶고, 신발로 돈을 벌고 싶다면 일단 나이키여야 하는 이유가 여기에 있다. 소위 대박을 치는 종목을 하고 싶다면 나와는 조금 다른 생각을 가진 사람이다. 내가 제시하는 전략은 안전하게 투자하고, 적당한 선에서 이윤을 취하라는 거다. 그래서 누군가 신발이 돈이 되냐고 묻는다면, 나이키로 시작하면 최소한 중간 이상은 간다고 말하고 싶다.

나이키의 슬로건.

Just do it은 많은 사람이 한 번쯤은 들어봤을 문구다. 1988년 광고 대행사에 의해 만들어진 이 문구는 나이키라는 브랜드의 핵심 요소 중 하나이자, 역사상 가장 성공한 광고 중 하나로 손꼽힌다. 1988년 이 광고 덕분에 나이키의 신발 시장 점유율은 18%에서 43%로 증가했다. 마이클 조던과의 계약도 비슷한 시기에 결정되었는데, 그 시너지 효과는 이후에도 Just do it이라는 슬로건 아래 수많은 전설적인 광고들을 탄생시켰다.

어떻게 나이키는 시장에서 최강자로 군림하게 되었는가?

───

　나이키가 시장에서 최강자로 군림하게 된 건, 다른 스포츠웨어 브랜드들과의 차별점을 두면서 시작되었다. 공격적인 마케팅을 기반으로, 대중이 좋아할 만한 요소를 최대한 갖추어 나가는 것이 나이키의 운영 철학이다. 또한 그 중심에 무시할 수 없는 1등 공신이 있었으니, 바로 에어조던이다. 농구의 농자는 몰라도 조던은 안다는 말이 있듯, 1980년대 이후로 조던은 하나의 아이콘이자 스포츠 브랜드의 신화로 자리잡는다. 마이클 조던은 1984년 미국 NBA 프로팀 시카고 불스에 입단하여, 농구라는 스포츠의 전 세계적인 인기를 이끌었던 선수다. 총 6회의 파이널 우승과 6회의 파이널 MVP, 정규시즌 MVP 5회, 올NBA 퍼스트 10회, 올NBA 디펜시브 퍼스트 9회 등 농구선수로서 전무후무한 업적을 세웠고(나머지 업적은 상세히 첨부하지 않겠다. 워낙 많고 널리 알려졌기 때문이다), 23번과 45번의 등번호는 여전히 하나의 상징처럼 여겨진다.

압도적인 실력, 지독한 승부욕 등이 마이클 조던을 최고의 스타덤에 오르게 했고, 이는 나이키가 추구하는 Just do it의 캠페인과 정확히 맞아떨어지게 된다. Just do it의 의미를 한번 생각해 보자. 한국어로 바꾸면 '그냥 해'(앞서 말한 권지용의 피스마이너스 원과 협업했던 나이키 티셔츠에 들어가 있는 한글 문구 또한 '그냥 해'다)가 되겠지만, 나이키에서 말하는 Just do it의 의미는 그 이상이다. 자기 자신에 대한 믿음을 가지고 행동으로 옮긴다면, 어떠한 도전이든 해낼 수 있다는 의미다.

마이클 조던의 6번째 우승 전 마지막 장면이다. 마이클 조던이 선수 시절 받은 연봉의 총합이, 조던(신발)의 판매로 받은 로열티에 한참 미치지 못하는 수준이다.

이렇게 Just do it이라는 역사적인 슬로건과 함께 맞물려 에어조던은 선풍적인 인기를 끌게 된다. 저니맨(저니맨은 선수가 팀을 옮겨 다니며 선수 생활을 한 것을 의미한다)이 아닌 프랜차이즈 스타로서, 자신의 한계를 뛰어넘어 불가능을 가능케 한 마이클 조던과 그 정신이 지금의 나이키를 만든 큰 요소로 작용했다. 한 명의 스포츠 스타로, 또 자신의 시그니처인 신발로 마이클 조던은 두 번 최고의 자리에 오르게 된 셈이다.

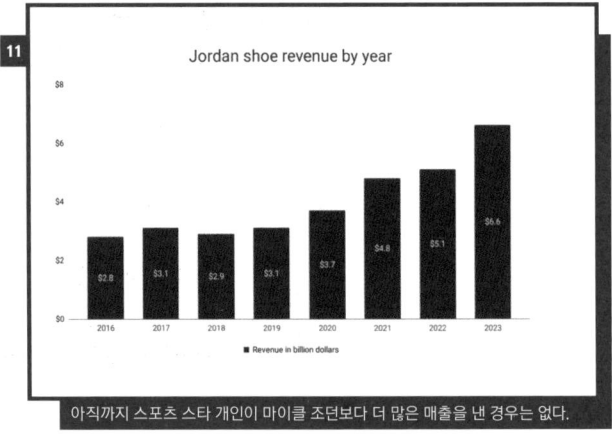

아직까지 스포츠 스타 개인이 마이클 조던보다 더 많은 매출을 낸 경우는 없다.

마이클 조던의 시그니처 신발의 수익은 매년 오르고 있고, 2023년 기준 약 66억 달러(약 9조 원)의 매출을 내고 있다. 스포츠 스타의 시그니처 신발로는 역대 최고의 매출이다. 당연하게도 아직까지 스포츠 스타 개인이 마이클 조던보다 더 많은 매출을 낸 경우는 없다.

조던을 논하려면 중요한 단어 한 가지를 알아야 한다. 바로 Air Jordan OG라는 문구다. OG는 Original의 약자로, 마이클 조던이 현역 시절에 신었던 신발의 모델을 의미한다. 신발 리셀 시장에서는 이 문구가 매우 중요한 의미를 지닌다(나이키의 경영 방침을 미리 맛볼 수 있는 지표이기도 하다). 마이클 조던이 현역 시절에 신었고, 스니커헤드들 사이에서 OG로 인정받는 모델은 통상 에어조던 1부터 에어조던 14까지다. 현재는 에어조던 38까지 나온 상태지만, 결국 인기 있는 모델은 1~13 정도에 국한된다. 나이키의 전설적인 디자이너 팅커 린 햇필드 주니어(Tinker Linn Hatfield Jr.)에 의해 디자인된 조던은 3~15로, 현재 리셀 신에서 가장 큰 비중을 차지하는 에어조던 모델이다. (팅커는 나이키 에어맥스 1, 90 등의 모델도 디자인한, 명실상부 나이키의 일등공신 중 하나다.) 이제 에어조던 OG 모델이 왜 중요한지 살펴보아야 한다. 마이클 조던이 선수 시절 신던 모델이 OG이고, 나이키에서 가장 중요하게 밀던 제품이다. 동일한 모델의 신발이라도, 조던이 현역 시절에 신고 뛰었던 신발과 색깔 배합과 형태가 정확히 같은 모델만 Air Jordan OG라고 부른다.

마이클 조던의 사상 첫 시그니처 신발이자 현재 가장 많은 사랑을 받는 조던 1, 조던이 팅커와 협업을 하고 덩크슛 콘테스트에서 승리한 조던 3, 처음 우승 트로피를 들어올린 1991년 신었던 조던 6, 두 번째 우승 트로피를 들어올린 1992년 신었던 조던 7, 세 번째 우승 트로피를 들어올린 1993년 신었던 조던 8, 은퇴 후 다시 복귀해서 네 번째 우승 트로피를 들어올린 1996년 신었던 조던 11, 다시 2번 연속 우승 트로피를 들어올리면서 신었던 조던 12, 마지막으로 조던 13, 14 등이 대중의 사랑을 받는 통상 OG 모델이다. 이것들이 사실상 나이키 신발 리셀의 절반 이상을 차지하는 가장 큰 지표로, 나이키가 최강자가 된 이유를 가장 잘 보여주는 모델이다. 나이키는 에어조던 OG 모델에 대해서는 일정한 주기로 재발매를 해주는 편이다. 그 외에 OG 라인에 해당하지 않는 모델들은, 나이키 회사 특성상 재발매를 해주는 경우가 드물다. OG 모델들조차 짧게는 3~4년, 길게는 7~8년 이상 시간을 두고 재발매를 하는데, 이마저도 기존에 나왔던 원본 모델의 디테일을 전부 재현하여 재발매를 해주는 건 아니다. 매번 조금씩 다른 디테일이 추가되거나, 변경된다.

이는 나이키가 시장에서 최강자로 군림하게 된 또 다른 요소이기도 하다. 기존 스니커헤드들에게 각기 다른 디테일을 선보여 동일한 모델이라도 다시 구매할 이유를 제공하고, 공급과 수요를 절묘하게 조절하여 인기 모델의 희소가치를 높이는 전략인 셈이다.

조던 1 하이 시카고 오프화이트.

조던 1 하이 시카고 오프화이트. 발매가는 $190로 아티스트 버질 아블로(Virgil Abloh)가 시카고와 협업을 시작한 2017년, The Ten이라는 이름 아래 발표한 모델 중 하나다. 나이키에서 가장 상징적인 10가지 모델을 모티브로 버질의 작품이 시작되었는데 7가지 흰 신발, 2가지 검은 신발, 마지막으로 1가지 시카고 컬러웨이인 오프화이트 시카고를 런칭했다. 모델은 에어조던 1 하이, 프레스토, 컨버스 척 70, 에어포스 1 로우, 베이퍼맥스, 맥스 97, 하이퍼덩크, 줌플라이, 블레이저, 맥스 90가 있다. 이 중에서 가장 희소성이 높고 가장 리셀가가 높은 신발은 조던 1 시카고 오프화이트 모델이다.

이 신발은 현재까지 리셀 시장에 가장 큰 획을 그은 모델 중 하나로 꼽힌다. 발매가는 2017년 당시 $190였으며, 2024년 기준 평균 리셀가는 약 $5,500에 달한다. 대략적인 계산으로도 발매가의 30배 정도 가격대를 형성하고 있다. 1980년생으로 미국의 대표 디자이너로 꼽히는 버질 아블로는 스니커 리셀 시장에 큰 파장을 불러일으켰으며, 그 영향은 2021년 버질이 사망한 이후에도 계속되고 있다.

나이키 오프화이트 The ten의 모델들이다. 이 시기부터 하입비스트들의 본격적인 활동이 시작되었다.

나이키 오프화이트 The ten.

조던 11 스페이스 잼.

마이클 조던은 스포츠를 넘어 문화와 시대의 아이콘이 되었다. 1996년 워너 브라더스는 마이클 조던이 주인공으로 나오는 영화 〈스페이스 잼〉을 발표했는데, 이는 미국에서 가장 인기 있는 애니메이션 루니툰과의 크로스오버로 만들어진 영화다. 이 영화에서 조던이 신고 나온 모델이 조던 11 스페이스 잼이며, 이 신발은 약 25년간 최고의 인기를 누린다.

당시 $175라는 상당히 높은 금액으로 발매되었고, 추후 몇 차례 재발매되었다. 재발매 후 평균 $450 정도의 리셀가를 유지하고 있다.

나이키만의
특별한 운영 방식이 있는가?

———

나이키는 공급과 수요를 가장 절묘하게 조절하는 기업으로도 유명하다. 리셀 시장에서 이는 핵심포인트로 작용한다. 마찬가지로 글로벌 스포츠 브랜드인 아디다스, 리복, 언더아머까지 모두 나이키의 아성에는 결국 무릎을 꿇었다. 나이키가 끝까지 고수해 온 문화 중 하나는 스포츠 스타가 아니면 협업을 하지 않는다는 것이었고, 역시 고유의 아이덴티티를 유지하기 위해 타 브랜드와의 협업 또한 쉽사리 진행하지 않는 것이었다. 타 브랜드와의 협업은 2000년도에 스투시가 최초로 따냈고 슈프림, 리카르도 티시 등이 그 뒤를 따랐다.

나이키 SB 덩크 로우 슈프림 블랙 시멘트, 화이트 시멘트. 나이키와 스트리트 브랜드의 상징과도 같은 슈프림과의 협업을 세상에 널리 알린 가장 대표적인 모델로, 한정된 수량으로 매우 인기를 끌었다. 각각 발매가는 $100였으며, 현재 리셀가는 $4500 정도를 유지하고 있다. SB 덩크의 SB는 스케이트보드(Skate Board)의 약자로, 스케이트보드를 타며 즐기는 당시의 스트리트 문화를 나타낸다. 나이키 덩크는 최초에는 농구화로 발매되었으나, SB 라인을 내놓으며 스트리트 문화와 스케이트보드화로 노선을 틀었다. 나이키 신발 라인에서 프리미엄이 가장 많이 붙는 라인이 SB덩크 라인이다.

가격은 심지어 에어조던을 넘어서는 수준이다. 그 이유는 스케이트보드 문화 자체가 당시 생소했고, 그로 인해 발매 수량 자체가 매우 적었기 때문이다.

16

Jordan 1 1985 OG Bred. 에어조던의 시초이자 마이클 조던을 신발 시장의 최강자로 만들어 준 최초 모델이다. 1985년 처음 발매된 후로 2001, 2008, 2009, 2011, 2013, 2015, 2016, 2021, 2023년 총 9번의 재발매를 하여, 조던 OG 모델 기준 가장 많이 재발매된 모델이기도 하다.

현재 리셀 시장에서 조던 1 시카고 모델 다음으로 인기가 많다. 칸예 웨스트, 권지용 등이 착용하면서 그 명맥이 계속 유지되어 왔다. 발매 당시 가격은 $65였으나 현재 거래되는 가격은 신발 상태에 따라, 또 그 신발에 담긴 스토리에 따라 천차만별이다. 새 제품 기준 리셀가는 최소 $10,000 정도부터 시작된다고 볼 수 있다.

나이키는 신발, 의류 등 시장에서 수단과 방법을 가리지 않고, 최고의 자리를 유지하려고 노력해왔다. 지금까지 말한 것처럼 스토리텔링, 혁신적인 기술, 공격적인 마케팅 등으로 말이다.

나이키가 이런 문화를
만들어 낼 수 있던 이유는?

―――

앞서 말한 내용들이 마지막 질문에도 어느 정도 대답이 될 것이다. 다만 나이키가 이런 문화를 만들어 낸 데에는 운적인 요소도 작용했다고 볼 수 있다. 인터넷 발달로 다양한 마케팅이 가능해진 시점에 사업을 전개한 것, 마이클 조던이라는 시대의 아이콘과의 만남, 스포츠 문화의 세계적인 유행 등이 그렇다. 이제 나이키와 신발 이야기는 뒤로하고, 나이키 신발이 어떻게 돈이 되는지 본격적으로 이야기해 보겠다. 지금까지의 내용은 경기 전 운동선수가 몸을 푸는 과정이었다고 생각해도 좋을 것 같다.

02 매도와 매수

우선 리셀의 시장의 현주소가 어떤지 파악하는 것이 중요하다. 그리고 내가 어떤 투자를 할지 확고하게 정해서 공부한 다음 투자하는 것이 기본이다. 새 제품과 중고 제품 모두 거래가 활발하게 이루어지는 편이다. 한 가지 더 알아야 할 것은 주로 어떤 플랫폼을 이용하여 거래할 것인지다. 새 제품 위주로 거래한다면 개인 간 거래, 업체를 통한 중개 거래의 방법이 있다. 중고 제품 위주로 거래할 때도 개인 간 거래와 업체를 통한 거래가 주요 방법이다. 몇몇 업체의 이름은 신발에 관심이 없는 사람도 어디선가 들어봤거나, 광고를 봤을 수 있다.

중개업체
부수기

───

　한국 내에서 거래할 경우 새 제품은 크림, 솔드아웃, 번개장터 등의 업체를 통한 중개 거래가 가능하고, 중고 제품은 중고나라, 번개장터 중고거래서비스, 솔드아웃 중고거래서비스, 당근마켓, 신발 커뮤니티 등 다양한 방법이 있다. 여기에 개인 간에 새 제품이나 중고 제품 거래 방법 또한 존재한다. 각 플랫폼마다 장단점이 있는데, 우선 중개업체를 통한 거래의 장점부터 말해보겠다. 중개업체란 개인 간 거래에서 중간에 상품을 검수, 정품보증을 해주며 제품 자체에 하자가 있는지 봐주는 업체다. 가품이 판치는 요즘 같은 때에 이들 업체는 한 줄기의 빛과 같은 존재다. 다른 장점으로 신발 발매 이후 가격 변동이 어떻게 일어났는지 볼 수 있는 그래프와 지표가 존재하며, 이 지표를 참고자료로 활용할 수 있다.

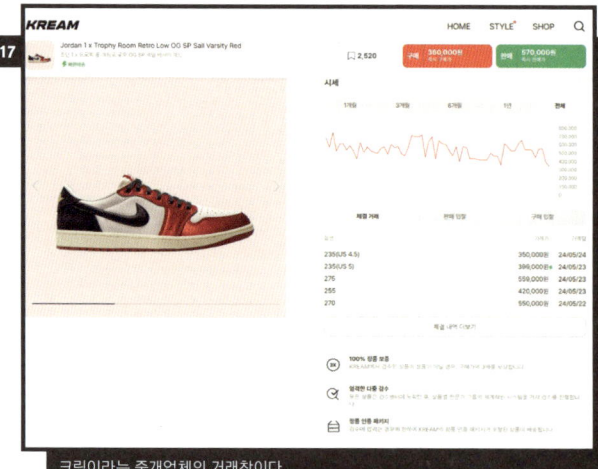

크림이라는 중개업체의 거래창이다.

대표적인 해외 중개업체 스탁엑스의 거래창. 크림과 비슷하다.

이 지표 덕분에 내가 어느 시점에 신발을 매수하고 매도해야 할지, 그리고 판매건수와 구매건수가 얼마나 있는지 등을 살펴볼 수 있다. 하지만 이런 플랫폼이 여러 군데 존재하므로, 한 군데만 보고 판단하는 일은 섣부를 수 있다. 여러 군데를 비교해 가며 살피라는 이야기다. 중개업체의 또 다른 장점은, 내가 구매한 제품을 다시 판매했는데 가품으로 판정받았을 경우 책임을 지고 보상해주는 제도다. 안전 투자를 위한 최소한의 방어막인 셈이다(보상 제도는 플랫폼마다 다르며, 생각보다 절차가 매우 복잡할 수 있다).

솔드아웃의 거래창. 이 또한 17, 18과 비슷하다.

    이렇게 중개업체 플랫폼은 장점이 많지만 분명한 단점도 있다. 첫 번째로, 중개업체를 사용하면 당연히 사용료를 내야 한다. 살 때와 팔 때 수수료가 플랫폼마다 다른데, 이게 큰 부담이 될 수 있다.

    솔드아웃은 판매할 때 제품 가격의 4%를 판매 수수료로 가져가고, 구매할 때 제품 가격의 3%를 수수료로 가져간다. 게다가 이벤트 기간이 아닐 경우 판매 시 통상 건당 3천 원의 택배비용이 추가로 발생한다.

크림은 판매할 때 제품 가격의 6%를 판매 수수료로 가져가고, 구매할 때는 제품 가격의 3%를 수수료로 가져간다. 또한 판매할 때 자신이 보내는 택배사 수수료를 직접 지급해야 하고(우체국 택배를 가장 많이 쓰는데 4,500원 정도 든다. 신발의 크기와 무게에 따라 달라진다) 구매할 때는 일반배송 3천 원, 빠른배송 5천 원의 수수료가 발생한다.

스탁엑스는 세계에서 가장 큰 중개업체로 수수료 역시 크게 발생한다. 판매할 때 발생하는 수수료는 9%이며, 구매할 때 발생하는 수수료는 8% 정도다. 배송비는 택배가 어느 국가에서 출발하느냐에 따라 달라지나, 보통 건당 $12 내외로 배송비가 발생한다.

여기서 눈여겨볼 점은 수수료다. 신발을 소장 수집하는 스니커헤드가 아닌, 리셀을 목적으로 투자하는 사람의 입장에서는 상당한 수수료라는 점이다. 주식 매매를 해본 사람이라면 알겠지만, 주식 매매의 수수료는 0.05~0.5% 정도다. 주식 시장에서 거래 금액에 따라 수수료가 달라지는 반면, 신발 리셀 시장에서 수수료는 고정이다. 물론 판매자 등급이 오르면 소정의 수수료 감면 혜택이 주어지지만, 그마저도 소폭이다.

크림의 경우 한 달 동안 6천만 원 이상을 판매했다면 기존 6%인 판매 수수료가 5.2%로 낮아지지만, 구매할 때의 수수료 혜택은 없다. 스탁엑스의 경우 9%의 판매 수수료가 최고등급 구간에서 7%로 낮아지지만, 이는 일정 기간 내에 $100,000(약 135,000,000원) 이상의 거래를 해야 주어지는 혜택이다. 신발 리셀을 처음 시도하는 사람 입장에서는 사실상 없는 혜택이나 마찬가지다. 어떤 플랫폼을 이용해서 거래할 것인지는 본인 선택이지만, 국내 시장 점유율 1위인 크림을 기준으로 하면 제품을 사고판 것만으로도 9%의 수수료를 가져간다는 거다. 게다가 택배비용은 별도다.

그럼 먼저 주식 시장을 기준으로 이야기해 보겠다. 보통 큰 이벤트가 있지 않은 이상, 하루 동안 주가의 움직임은 대략 2~3% 내외라고들 한다. 즉 내가 구매한 금액의 2, 3%로 가격이 오르고 내린다는 이야기다. 신발 시장도 마찬가지다. 특정 이벤트가 발생하지 않는 한, 시세가 크게 움직이는 일은 거의 없다. 구매한 가격에서 9%의 수수료와 배송비를 부담하고 나서 남는 것이 정확한 이윤인 셈인데, 이렇게 중개업체를 사용하면 이윤도 줄어들게 된다. 물론 업체를 사용했다면 수수료를 내야 하는 게 맞다. 세상에 공짜는 없으니까. 하지만 중개업체의 독과점으로 인해 수수료가 과하다는 의견은 스니커헤드들 사이에서도 지배적이다. 스탁엑스는 더 심각하다. 제품을 구매해서 가지고 있다가 리셀로 팔 경우 20%에 육박하는 수수료를 내야 한다.

단점은 이뿐만이 아니다. 주식은 클릭 한 번으로 바로 거래되고 내 것이 되지만, 중개업체를 통한 거래는 시간이 걸린다. 내가 입찰한 제품의 거래가 성사되어 구매에 성공했더라도, 제품을 받기까지 시간이 제법 걸린다. 일단 구매한 제품을 판매자가 중개업체에 발송해야 하는데, 체결 후 48시간 이내로 보내면 된다. 이어 택배사에 송장이 접수되면 주말과 법정공휴일을 뺀 5일의 시간이 추가된다. 즉 주말과 공휴일을 빼도 최대 7일의 시간이 기본적으로 걸린다. 하지만 여기서 끝이 아니다. 중개업체가 제품을 받은 후 접수 → 검수 절차를 통해야 한다. 이 절차는 업체별로 다른데 보통 최소 3~5일이 걸리고, 중개업체가 바쁜 시즌에는 1~2주가 걸리기도 한다. 그다음 중개업체가 제품을 발송하고 알림을 보내면, 보통 하루이틀 사이에 배송이 완료된다. 즉 제품을 구매한 시점부터 중개업체에 제품이 도착할 때까지 평균 5일 + 중개업체가 제품을 받고 검수 발송할 때까지 평균 4일 + 발송 후 물건을 받기까지 평균 1일을 합하면 평균적으로 총 10일이 걸린다는 이야기다.

그런데 주식과 마찬가지로 신발 가격도 매일 변동한다. 구매 후 제품이 도착하기를 기다리는 동안 가격이 급등하거나 급락할 가능성을 염두에 두어야 한다. 매매에 익숙하지 않은 사람에게는 어렵게 느껴질 수 있는 부분으로, 경험을 쌓아가며 이겨내는 과정이 필요하다.

여기에 또 하나의 단점이 있다. 많은 사람이 더이상 중개업체를 사용하지 않게 만든 제도 중 하나로, 리셀 초보자라면 도저히 이해가 안될 부분이라고 할 수 있겠다. 바로 페널티 제도다. 페널티 제도란 거래할 때 각 업체의 기준을 바탕으로 매겨지는 벌금인데, 우선 크림을 기준으로 살펴보자([20] 참조). 당연한 이야기지만, 중개업체를 통한 거래는 정품이 기준이다. 즉 내가 판매한 제품이 가품 판정이 날 경우 거래 가격의 15%에 해당하는 페널티를 내야 한다. 또한 새 제품을 팔았는데 손상/오염/사용감이 있는 경우, 즉 완전 새 제품이 아닌 경우 판매가의 15%에 해당하는 페널티를 내야 한다.

크림의 페널티 부과 기준.

    만약 내가 초보자여서 품명을 잘못 알고 보냈거나, 신발이나 의류 사이즈를 잘못 알고 판매했을 경우 받는 페널티는 10%이며, 기본 구성품(인솔, 기본 끈, 박스, 덮개 등)을 누락해도 역시 10%의 페널티를 받는다. 재미있는 사실은 중개업체마다 페널티 부과 기준이 조금씩 다르다는 거다.

구분	봉접액	구매자 의사 확인	감액
박스(BOX) 손상-길이 총합	-	≥12.0cm	<12.0cm
박스(BOX) 부분 변색	-	O	
라벨지 손상/상이 UPC, 품번, 색동번, 사이즈(US, CM) 등	-	정보 확인 불가 또는 라벨 지 상이	정보 확인 가능 및 라벨지 일치
그래픽 쉿지 상이/누락			
그래픽 쉿지 유실	-	≥40%	<40%

구성품

구분	봉접액	구매자 의사 확인	감액
상품 정보택 손상/유실	-	-	O
끈 기능 상실	-	O	-
추가 구성품 누락 스티커, 슈트링, 여분끈 등	-	O	-
밑대 최초의 구성과 상이함 여분끈 교체, 매결 방식 상이함, 밑 1줄, 뱃지 교체 등	-	O	
오염 스티커, 슈트링, 끈 등	-	-	O

크림의 페널티 부과 기준 중 패키지 및 구성품.

위 사진으로 알 수 있듯, 패키지와 구성품에 대한 검수 기준이 존재한다. 단, 이는 페널티를 부과한다는 게 아니라 구매자에게 구매 의사를 확인한다는 의미다.

즉 페널티 부과는 검수업체에서 정한 기준에 불합격한 것이고, 위 사진에서의 구매자 의사 확인은 구매자가 구매할지 말지를 결정하는 것으로 구매 거부를 하면 판매불합격 처리가 된다.

제품 상태

구분	통합격	구매자 검사 확인	합격
머머 제품 불량·부위별 갈라짐, 불음암 등	-	≥5mm	<5mm
재단면 유실	-	≥5mm	<5mm
뜯어짐/찍힘/짜짐·2차 손상	-	≥8mm	<8mm
나염 광무늬, 하트빛 벙, 인쇄 등 각 수프 프레닝 작성	-	≥50% 유실	<50% 유실
내부 라벨 정보 상이	-	○	-
오염·변색 뭉치, 자국 등	-	≥12mm	<12mm
부자재 기능 상실 시찌, 스토퍼, 벨크로, 밴드 등	-	○	-

* 소재 특성상 불가피 있는 스판기, 사용도에 따라 변화 가능한 경우 합격 처리합니다.
* 오프라인에 신발끈기, 한정판, 자동화 등은 실물 가능 부등 공정 특성상 합격 가능한 기준 차실한 경우 합격 처리됩니다.

유의사항

* '구매자 역사 확인'의 상품은 최초 보류 알림 기준 24시간 이내 회신이 없을 경우에 자동 검수 합격 처리되며 이와 관련한 취소는 불가합니다.

* 모조품/가품 판매 및 페널티 회피 시 해당 계정은 회원 자격이 정지되며, 새로운 아이디로 가입을 하여도 이전 거래 기록을 근거로 서비스 이용을 제재할 수 있습니다.

* 국내 발매 제품/해외 발매 제품의 여부는 검수 불합격 사항이 아니며, 이로 인한 구매 취소 또한 불가합니다.

* KREAM을 통해 거래된 모든 상품은 입고 시 자동화 처리를 위해 고유의 정보를 포함한 스티커가 부착됩니다. 부착 위치는 제품에 따라 차이가 있으며 이는 발송(반송) 시에도 제거되지 않습니다.

검수 불합격 시 반송 택배 운임

[착불]
검수 기준상 불합격 에 해당하는 반송건

[선불]
'구매허시 확인' 이후 발생하는 반송건

크림의 검수 기준.

위 또한 크림의 검수 기준으로, 구매자가 구매 의사를 철회할 수 있다. 이 부분이 초보 리셀러에게는 매우 중요한 포인트다. 지금 예로 든 것은 한국에서 가장 거래량이 많은 크림의 검수 기준이다. 그런데 기존 스니커헤드들을 이 중개업체에서 많이 떠나가게 만든 문제점이 여기서 발생한다. 중개업체마다 검수 기준이 조금씩 다르고, 합격 기준이 다르다는 거다. 왜 이게 그렇게 중요한 문제일까?

내가 크림에서 물건을 구매했다 치자. 긴 시간을 기다려 검수를 거치고, 무사히 제품을 받았다. 이후 내가 목표로 잡은 수익 구간까지 가격이 올라서 판매하려 한다. 나는 이 신발을 솔드아웃, 혹은 스탁엑스에 판매하게 된다. 그런데 크림에서 구매한 신발이 솔드아웃의 검수 기준에 불합격을 받는다. 이유를 물어보니 자신들의 내부 기준에 부합하지 않는단다.

이는 리셀러들에게는 공포스러운 이야기다. 구매할 때 지불한 수수료, 판매불가 판정을 받아서 물게 되는 수수료, 제품을 보낼 때 지불한 택배비와 반송받을 때 지불한 택배비, 마지막으로 그동안 들인 노력과 시간 등을 고려하면 정말 큰 손해다. 그리고 잘 이해도 되지 않는다. 중개업체를 통해서 검수를 받았고 검수 기준을 통과한 제품이, 왜 내가 팔 때는 통과하지 못하냐는 거다. 하지만 현실이 그렇다. 업체마다 생각도 다르고 검수 기준도 다르므로 발생하는 불상사다.

여기에 더 끔찍한 케이스가 있다. 내가 중개업체를 통해 구매한 제품이 타 중개업체에 판매할 때 가품 판정을 받는 경우다. 분명 중개업체가 검수를 해서 나에게 보낸 제품인데, 그게 가품 판정을 받으면 정말 당황스럽지 않을 수 없다. 이런 이유로 많은 스니커헤드들이 중개업체 이용을 꺼려하게 된 것인데, 대처방법이 없는 건 아니다. 타 플랫폼에서 내 신발이 가품 판정을 받았다면, 소명자료를 준비해서 원래 구매했던 플랫폼의 고객센터에 문의하는 거다. 하지만 이렇게 문의해도 가품 판정이 잘못되었다고 인정받는 경우는 드물다. 그리고 그 절차 또한 꽤 복잡하고 골치 아프다. 이럴 때 대부분 사람이 선택하는 방법은 바로 폭탄 던지기다. 폭탄 던지기란, 내가 구매한 제품을 내가 구매한 플랫폼에 그대로 판매하는 거다. 즉 타 플랫폼에서 가품 판정을 받거나 검수에 불합격된 제품이 있으면, 내가 구매한 플랫폼에 팔아버리는 방법이다. 원리는 다음과 같다. 내가 크림에서 구매한 제품을 솔드아웃에서 팔았다고 치자. 그러나 가품 판정을 받아 페널티를 물고 제품을 돌려받는다. 이때 크림에 팔아버리는 방법이다.

크림 입장에서는 그 제품이 가품임을 인정하고 거래가의 300%에 해당하는 수수료를 판매자에게 지급하기보다, 자기네 플랫폼 안에서 검수 완료된 제품이니 정품 인정을 해주는 편이 더 간단하기 때문이다. 그야말로 웃기면서 슬픈 현실인데, 리셀러 입장에서는 고육지책일 수밖에 없다. 다른 방법은 존재하지 않기 때문이다.

soldout 검수 기준 안내

스니커즈

불합격/페널티 부과 사항

항목	불합격	구매자 확인	합격
모조품/정품 인정요건 불충분	페널티 10% 이용 정지	-	-
중고품	페널티 10% 이용 정지	-	-
상품 불일치	페널티 10%		
사이즈 불일치	페널티 10%		
기본 구성품 누락 (인솔, 기본끈, 박스, 덮개 등)	페널티 10%		
박스 디자인 상이	페널티 10%		

※ 중고품 및 시착 흔적(제품 손상 유무)의 경우 검수 책임자 판단에 의해 결정됩니다.

soldout 검수 기준 안내

박스 및 속지

항목	불합격	구매자 확인	합격
라벨 손상 (제품 정보 확인 가능 여부 - 품번, 사이즈)	-	손상 있음 (정보 확인 불가능)	손상 있음 (정보 확인 가능)
박스 변색	-	있음	없음
박스 손상 총합	-	12cm 이상	12cm 미만
그래픽 속지 유실	-	40% 이상	40% 미만
그래픽 속지 유무상이함	-	없음 상이함	-

※ 보관지, 판매지, 운송 과정에서 생긴 먼지감, 이물질, 끝물림이상 등에서 발생한 무광, 스티커 부착 및 테이핑과 그 자국의 경우 합격 처리됩니다.
※ 일반 속지/속지의 경우 유무 관계없이 합격 처리됩니다.
※ 사항별 박스의 그림 부분이 없을 경우 90점합격 대상입니다.
※ 박스 손상 유형, 형태 등지 여부 및 손상 면적 등이 비정상적인 경우, 기준 이내일지라도 검수자 및 책임자 판단하에 90점 합격 또는 불합격 처리됩니다.
※ 발매제에 따라 박스 용도로 사용된 경우를 제외하고, 박스 자체를 배송 용도로 사용된 경우(송장, 박스 테이프로 보무 등) 박스 누락으로 배달간다 보고됩니다.
※ 병어나 타자 등으로 그러진 문자 또는 낙서, 접착제 및 기타 요염이 경우 검수자 및 책임자 판단하에 합격 여부 결정됩니다.
※ 제조사별에 따라 속지가 상이한 경우 정상 합격 처리됩니다.

구성품

항목	불합격	구매자 확인	합격
추가 구성품 누락 (여분끈, 액세서리, 스티커, 플 라스틱, 슈트리 등)	-	누락	동봉
기본 끈 상태	-	끈 기능 상실	끈 길이 상이함, 올트임, 오염 및 이염
최초 발매 상태 유지 여부 (기본 끈 체결 방식 여부, 여분 끈 체결, 액세서리 부착 등)	-	상이	동일
오염 (기본 끈 및 추가 구성품 등)	-	-	있음

※ 추가 구성품의 오염, 백색, 스크래치, 프린팅(나염)등은 검수 기준에 포함되지 않습니다.
※ 검수 과정에서 타 중개업체 검수 딱지, 구매자 영수증 및 기타 판매자 임의 동봉한 물품 등의 제거 될 수 있습니다.
※ 종이 소재의 슈트리(종이뭉치, 포박스 모양 등)의 유무 여부는 검수 대상에서 제외됩니다.
※ 신발끈 팁 파손 및 변형 시 기능상의 문제가 없을 것으로 판단될 경우 검수 합격 처리됩니다.
※ 발매처에 따라 동봉 여부가 상이한 구성품(쇼퍼팩 스티커, 용품 보증서, 설명서 및 슬리퍼용 길게 등)의 경우 누락 시 합격 대상입니다.
※ 운동기와 구성품을 연결하는 플라스틱 핀의 손상 및 누락 여부는 검수 대상에서 제외됩니다.
※ 발매 국가별 정보택 유무 및 내부 정보 일치 여부는 검수 대상에서 제외됩니다.

soldout 검수 기준 안내			
상품 상태			
항목	불합격	구매자 확인	합격
시창 흠집 (제품 손상이 없는 경우)	-	시창 흠집 있음	시창 흠집 없음
제물 뭉침 (많은 공물회 건너뜀 등)	-	연속적 5땀 이상	연속적 5땀 미만
재단 유실	-	5mm 이상	5mm 미만
공정외 표면 손상	-	직경 8mm 이상	직경 8mm 미만
접착제 및 오염	-	직경 12mm 이상	직경 12mm 미만
신발 끈 구멍 펀칭	좌우 개수 틀릴지 막힘		이중펀칭 가이드 펀칭
자수 손상 및 뭉침	-	퉁힐 뮤지 뿔가 손상 있음	퉁힐 뮤지 손상 없음
프린팅 (로고, 문양 찌더짐 잘 가려남)	-	50% 이상	50% 미만
내부 라벨 정보 살이 (좌우 생산 공장, 제조 국가 등)	-	살이	일치
내부 라벨 정보 확인 불가 (택을 정보 제안 가능 여부)	-	손상 있음 (정보 확인 불가능)	손상 있음 (정보 확인 가능)
부를 기능 상실 (지퍼, 스토퍼 및 벨크로, 밴드 등)	-	상실	정상

솔드아웃 검수 기준.

그리고 또 하나의 방법이 있다. 내가 구매한 제품이 검수 기준을 통과하지 못했다 하더라도 판매가 불가능한 것은 아니다. 가품 판정이나 몇 가지 사항에서 거래불가 판정을 받은 경우를 빼면, 하자 제품이라고 해서 크림에서는 95점 제품, 솔드아웃에서는 98점 제품으로 판매할 수 있다. 물론 정상적인 제품보다 가격은 조금 낮은 편이지만, 중개업체를 통해 판매할 수 있는 방법이다.

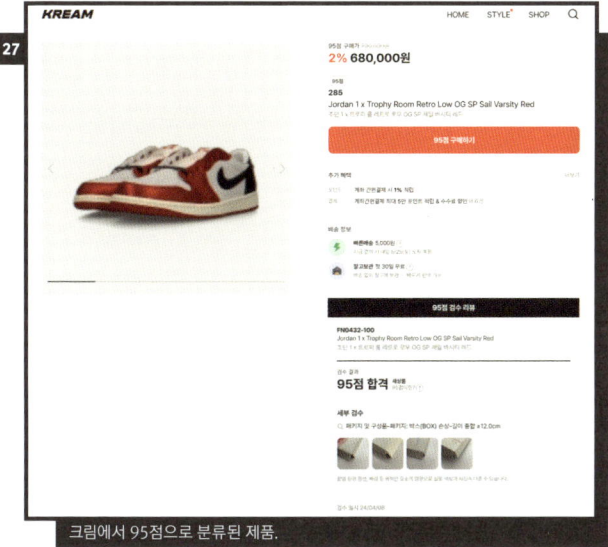

크림에서 95점으로 분류된 제품.

이렇게 내 제품이 미세 하자(defect, 瑕疵) 제품으로 판정될 경우, 조금 저렴한 가격으로 판매하여 그나마 피해를 최소화할 수 있다. 아니면 개인 간 거래나 중고 플랫폼을 이용해도 되는데 그 방법은 뒤에서 자세히 살펴보도록 하자.

여기서 기억해 둘 포인트는 다음과 같다. 중개업체를 통해 제품을 구매했다 해도 100% 안전한 게 아니라는 것, 이동 과정에서 제품에 조금이라도 손상이 간다면 그 과실은 택배사에 있기 때문에 택배사에 손해 배상 청구를 해야 하는 골치 아픈 상황이 발생할 수 있다는 것, 이도 저도 안 되면 하자 제품으로 판매하는 방법도 있다는 것. 모두 초보 리셀러 입장에서는 머리가 터질 만한 상황일 터다.

27에 나온 제품의 하자 항목.

28 의 경우 신발 자체에 손상이 없는데 박스가 조금 찢어졌다는 이유로 하자 제품이냐고 물을 수 있다. 하지만 신발 리셀 시장에서 새 제품이란, 신발과 그 밖의 구성품들 모두에 하자가 없다는 의미다. 정품 검수를 받은 새 제품의 구매에 성공했더라도 이동 과정에서 파손이 생기지는 않았는지, 중개업체에서 정품 검수를 제대로 했는지 등은 내가 온전히 감당해야 하는 몫이다. 초보 리셀러들 중에는 중개업체의 검수에 합격을 받고 구매했으니, 판매할 때 박스째로 보내면 되겠지? 하는 생각으로 판매했다가 된통 당하는 경우도 빈번하다. 결국 내가 제품을 정품으로 구입했다면 상태 체크를 확실하게 하고, 판매할 때 한 번 더 자가 점검을 해서 판매하고, 정산이 되었다면 내 통장에 돈이 들어오고 나서야 성공한 리셀이라고 할 수 있겠다. 어쨌든 현물 거래이기 때문에 제품의 전반적인 관리와 보관도 리셀러의 중요한 업무다. 단순히 제품을 받고, 나중에 가격이 오르면 파는 것이라 생각하면 큰 오산이다.

솔드아웃에서 98점으로 분류된 제품.

　　이렇게 중개업체를 통한 새 제품이나 중고 제품 거래는 장단점이 분명히 존재한다. 단점이 많다고 겁먹을 필요는 없다. 제대로 된 제품을 판별하는 눈, 판매 전까지 제품을 꾸준히 관리 보관하는 성실함만 갖추었다면 과정 자체는 아주 간단하니까.

마지막으로 중요한 포인트를 몇 가지 더 짚고 넘어가겠다. 바로 정산이다. 제품을 판매한 시점부터 정산을 받기까지는 생각보다 꽤 오랜 시간이 걸린다. 중개업체에서 제품을 받기까지 걸리는 시간은 평균 10일 정도라고 앞서 언급했다. 정산을 받게 되는 시점은 간단하다. 판매 완료 후 제품이 구매자에게 도착하면 바로 정산되는 시스템이 아니라, 각 중개업체에서 정산을 완료해 주어야 하는 시스템이다. 어렵게 생각할 것 없다. 제품 판매의 전체 과정이 10일 정도 걸렸다면, 추가적으로 2~3일 정도가 더 소요된다는 이야기다. 빠를 때는 추가 시간이 하루 정도 소요되기도 하지만, 평균치인 2~3일 정도로 소요 시간을 잡는 게 합리적이다. 보통 검수를 통과한 날부터 1~2일 뒤 각 중개업체의 일괄정산 시간에 입금이 이루어진다. 사실 시간 여유가 있는 사람이라면 그리 신경쓰지 않아도 되는 부분이다. 하지만 당장 현금이 필요하고 돈이 필요한 사람이라면, 정산에 걸리는 시간까지 계산하여 리셀을 시도해야 할 거다.

판매
꿀팁

　택배사마다 택배비가 다르다는 건 누구나 아는 사실이다. 물론 작은 차이지만 쌓이다 보면 꽤 큰 금액이 될 수 있다. 그래도 빠른 택배 발송을 원한다면 우체국 택배를 이용하자. 우체국 택배는 익일 17시 전까지만 택배 접수를 완료하면 아주 특별한 일이 있지 않은 이상, 그리고 휴일이 아닌 이상 다음날 무조건 도착하기 때문에, 시간을 많이 절약할 수 있다. 또한 크림, 솔드아웃의 경우 판매자가 직접 택배를 발송해야 한다. 여기서 많이들 저지르는 실수가, 처음 시스템을 이용할 때 정확한 발송정보를 기입하지 않아서 받게 되는 페널티다. 간단한 과정이지만 본인 스스로가 체크해야 하는 부분이다. 택배 발송 시 송장번호가 붙는다는 건 모두 알 거다. 크림이나 솔드아웃의 판매한 정보내용에 들어가서 이 송장번호를 정확히 기입해야 한다. 송장번호가 틀리면 오발송으로 간주된다.

그리고 판매가 완료되었을 시 중개업체로부터 보통 연락이 온다. 거기에 나와 있는 주소를 다시 한 번 제대로 확인하고 발송하기를 권장한다. 크림, 솔드아웃, 스탁엑스 등 중개업체는 물류 센터를 한 군데만 두는 것이 아니다. 즉 물건을 받는 지역과 주소가 다를 수 있다는 이야기다. 여기서 초보 리셀러들은 실수하기 쉽다. 기존에 판매했던 주소로 보냈다가 페널티를 받는 사람이 제법 많다.

택배
꿀팁

　어느 정도 거래를 해본 사람에게는 이런 의문이 들 수 있다. 신발을 같은 날에 여러 켤레 판매했는데, 그럼 신발 1켤레에 박스 1개씩 보내면 택배값이 좀 아까운 거 아닌가? 이에 대한 답변은, 택배를 합산해서 큰 박스에 담아 1건으로 보내라는 거다. 건수별로 발생하는 택배 수수료가 아깝다면, 큰 사이즈의 박스에 여러 켤레를 넣어 발송(이를 합배송이라고 한다)해도 전혀 문제가 없다는 의미다. 다만 여기서 체크해야 할 포인트는 1) 각 제품의 발송지 주소가 동일한가 2) 택배를 포장할 때 신발 박스가 서로 부딪혀서 손상이 가지 않는가다. 이 2가지 문제만 없다면, 같은 날짜에 발송해야 할 택배는 합산택배로 보내도 무관하다. 그리고 신발마다 박스 사이즈가 다 다르므로 최대한 파손되지 않게, 뽁뽁이나 완충제 등으로 잘 감싸서 보내면 된다. 그리고 앞서 언급했듯 송장 번호는 정확히 입력해야 한다. 합산택배로 보내지는 것이므로 당연히 각 제품의 송장 번호는 동일하게 들어가야 한다.

31

Your Sale Price	US$362
Transaction Fee (9%)	-US$32.58
Payment Proc. (3%)	-US$10.86
Shipping	-US$3.05
총 판매 대금	**US$315.51**

Jordan 11 Retro
Cool Grey (2021)

스탁엑스에서 판매 대금을 정산받았다.

    이제 리셀러들이 많이 헷갈려 하는 스탁엑스에 대해 이야기해 보겠다. 중개업체라는 점은 같지만, 스탁엑스는 자잘하게 다른 부분이 많다. 이 부분이 어렵다며 해외 거래를 꺼리는 사람도 많지만 해외 플랫폼 중에서도 스탁엑스를 그냥 넘길 수 없는 이유는, 세계에서 가장 큰 중개 플랫폼이니 업계에서 당연히 가장 많은 거래가 이루어지며, 가격 측정의 주요 지표가 되는 것 역시 스탁엑스이기 때문이다. 우선 스탁엑스의 전체 시스템부터 간략하게 알아보자.

    스탁엑스 또한 크림, 솔드아웃과 비슷한 시스템이긴 하다. 하지만 그건 구매자의 시점에서고, 판매자의 시점에서는 조금 다르다. 구매자는 원하는 제품을 골라 카드, 계좌이체, 혹은 페이팔(미국뿐 아니라 세계적으로 많이 쓰이는 결제 시스템이다. 한국의 카카오페이, 네이버페이, 토스페이 등에 비유할 수 있다)로 결제하면 된다. 판매자는 택배를 직접 발송하는 부분은 같으나, 기존 방식대로 택배사, 우체국, 편의점 등에 들고 가서 발송하는 것이 아니다. 스탁엑스가 모든 판매 제품을 수거해 가기 때문이다. 바로 이 과정이 초보 리셀러들이 가장 먼저 헷갈려 하는 부분이다. **31** 을 보면, Shipping에 해당하는 금액이 있다. 이는 스탁엑스 자체에서 책정하는 판매 택배 수수료다. $3.05가 책정되었는데, 이 금액은 정산받을 때 최종 판매금액에서 자동으로 빠져나간 뒤 입금된다. 즉 크림이나 솔드아웃에 판매할 때처럼 택배비를 선지급하는 게 아니라, 최종 판매금액에서 빠져나가는 방식이다. 그리고 Payment Proc.라는 항목에 $10.86라고 나와 있는데, 나중에 다시 설명하겠지만 이는 대금 지불 과정에서 발생하는 수수료다. 또한 크림이나 솔드아웃은 거래 체결 뒤 48시간 이내에 택배를 보내야 하지만, 스탁엑스는 자율적으로 추가시간(하루)을 직접 앱 또는 홈페이지를 통해 요청할 수 있다.

즉 판매 이후 발송까지 걸리는 시간을 기본 48시간에서 72시간까지 늘릴 수 있는데, 건수마다 아무런 제재 없이 적용 가능하다.

여기에 스탁엑스는 택배를 보내는 방식이 다른데, 그리 복잡하지는 않다. 스탁엑스에서 거래가 체결되면 첫 번째로 해야 할 일은 어플 또는 홈페이지에 접속하여 판매내역에 들어간 후, 인보이스와 송장라벨을 출력하는 거다.

스탁엑스 송장과 라벨 인쇄.

　　위 사진과 같이 송장과 라벨을 우선 프린터로 출력한다. 집에 프린터기가 없다면 피시방이나 무인 프린트샵 등 프린트를 할 수 있는 곳에 가야 한다는 점이 우선 불편하다고 할 수 있겠다. 그래도 지금 같은 고환율 시대에는 해외로 제품을 판매하는 편이 더 큰 차익을 안겨주니 어쩔 수 없다. 그럼 송장과 라벨을 출력한 다음 해야 할 일은 무엇일까? 신발을 포장하는 방식은 크게 다를 게 없지만, 주의할 점이 있다. 신발을 박스 안에 포장하여 넣고, 그 신발을 넣은 장소에 인보이스를 함께 넣어야 한다. 인보이스는 보통 3장이 출력될 것이고, 송장 라벨은 1장이 출력된다. 그렇게 인보이스 3장과 신발을 함께 박스에 넣은 후 포장을 마무리한다. 그리고 남은 송장 라벨을 포장한 박스 위에 테이프로 붙이면 일단 첫 번째 과정은 끝이다.

인보이스 3장을 박스 안에 제대로 넣었는지, 그리고 송장 라벨을 붙였는지가 포인트다.

두 번째 과정은 처음 겪는 사람일 경우 난감할 수 있다. 스탁엑스는 판매 체결이 되었다고 곧바로 택배를 수거하러 오는 시스템이 아니기 때문이다. 택배 접수를 직접 따로 해야 하는데, 카톡으로 접수하거나 직접 현장 방문을 해야한다. 업체명은 에스에프익스프레스(SF Express)다.

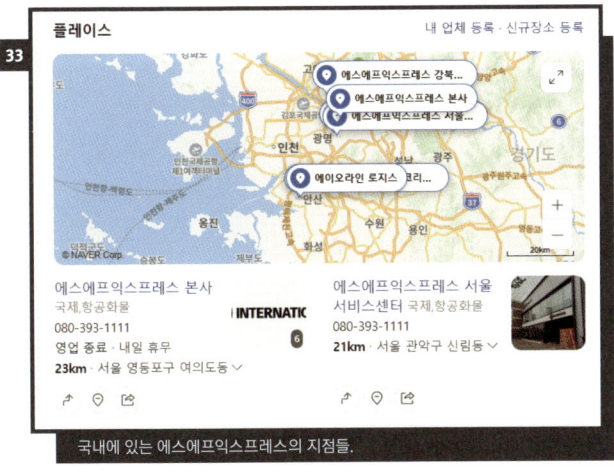

국내에 있는 에스에프익스프레스의 지점들.

직접 방문하여 접수할 때는 이미 준비해둔 제품만 들고 가면 된다. 하지만 안타깝게도 국내에는 에스에프익스프레스 지점이 10곳 정도뿐이다(대중에게 다소 생소할 수 있는 일양택배가 에스에프익스프레스다). 가까운 거리에서 지점을 찾을 수 없는 사람은 온라인 접수를 하는 편이 낫다.

카카오톡에 '에스에프인터내셔널'이라 검색하면 채널이 뜬다. 친구추가를 하고 나면 이 문구가 뜰 거다.

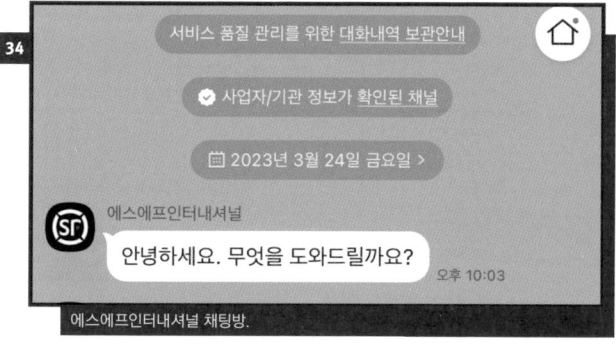

에스에프인터내셔널 채팅방.

그럼 아래와 같은 방법으로 간략하게 접수를 하면 된다.

35

에스에프인터내셔널에 접수 신청.

위와 같이 간단하게 적으면 된다. '스탁엑스 픽업 접수 신청합니다'라고 적은 다음 본인의 이름, 연락처, 픽업주소, 발송 물품 개수를 올리면 된다.

그러면 에스에프인터내셔널에서 어떤 기사님이 어느 시간에 픽업을 온다고 안내해준다. 이제 주소지 문 앞에 제품을 놔두면, 알아서 수거한 다음 조그마한 스티커를 놓고 간다. 제품을 제대로 픽업했다는 증거 자료다. 여기에 앞서 언급한, 48시간 시간에서 하루를 추가할 수 있는 기능이 필요한 이유가 있다. 첫 번째로, 택배사는 지역별로 일양택배나 CJ 택배가 픽업하러 온다. 그런데 일양택배는 택배사가 상대적으로 크지 않고 개인 물품 거래보다 주로 법인 대 법인, 사업가들을 위한 택배사이므로, 택배 기사나 루트가 정해져 있다. 즉 오늘 저녁 내가 픽업을 신청했어도, 내일 찾아오지 않을 수 있다는 이야기다. 따라서 여유 있게 이틀 정도 시간을 잡고 작업을 진행해야 한다. 두 번째로, 스탁엑스는 미국 회사다. 즉 한국과 밤낮이 반대다. 구매자가 전 세계에 있고 한국에도 최근 김포 쪽에 물류 센터가 생기긴 했으나, 구매 시간이 일정하지 않다는 이야기다. 내가 자는 시간에 판매가 완료되었다면 한국 시간으로 48시간이 빠듯할 수 있으므로, 72시간으로 연장하는 시스템을 잘 활용해야 한다. 픽업 요청도 판매가 이루어진 시점에서 최대한 빠르게 요청해야 한다.

지금까지의 과정을 무사히 끝마쳤다면, 판매대금 정산은 솔드아웃, 크림과 크게 다를 게 없다. 오히려 스탁엑스는 물류가 빠르게 움직이고 각 지역 지부에서 관리하기 때문에, 만약 아시아 지부에 해당하는 국가의 구매자가 내 물건을 구매했다면 의외로 크림이나 솔드아웃보다 빠르게 정산받을 수도 있다. 내가 스탁엑스에서 가장 빠르게 정산받았던 경험은 다음과 같다. 소장용으로 여러 켤레 사둔 조던 11 레트로 쿨 그레이 2021년판 모델을 판매했을 때, 4일 만에 정산액이 통장에 입금된 적 있다. 물론 운이 좋았을 때의 이야기다. 통상의 기준은 아니다.

스탁엑스만의 한 가지 더 큰 차이점이 있다. 바로 입금 방식이다. 한국계좌는 스탁엑스와 바로 연동되지 않기 때문에, 하이퍼월렛(hyperwallet)에서 제공하는 서비스를 받아 별도의 창에서 관리하게 된다. 아니면 페이팔 계정을 연동해서 사용해도 좋다(내가 이용하는 방법이다). 한국의 카카오페이, 네이버페이, 토스페이처럼 가상지갑을 이용하는 방식이 하이퍼월렛과 페이팔이다. 나는 페이팔을 강력히 추천하는데, 한국 은행들과 연동도 잘 되는 편이고 이용 방법도 생각보다 쉽다. **31**의 Payment Proc., 즉 대금 지불 수수료가 바로 여기에 해당되는데, 페이팔이나 하이퍼월렛에서 가져가는 수수료를 뜻한다. 즉 환율 때문에 발생하는 수수료다. 이 금액까지 잘 계산해야 내가 물건을 사고팔 때 시세를 정확히 가늠할 수 있다.

그리고 해외 거래이므로 환율 차이와 관부가세 또한 눈여겨봐야 한다. 구매할 때 관세가 발생하는데, 미국령에서 물건을 구매했다면 신발 의류는 $150 이하 무관세, 그 이상은 10% 관세를 내야 한다. 즉 제품 가격의 10%를 추가 지불하는 상황이 발생할 수 있다. 다만 직접 관부가세를 계산할 필요는 없다.

스탁엑스에 개인통관번호와 주소지 등 개인정보를 잘 기입해 두면, 제품을 구매할 때 관부가세를 포함한 구매 가격을 알려주기 때문이다.

36

```
주문 검토하기
아래의 구매 세부 사항을 확인해 주세요

회원님의 구매 가격                              US$559.00
처리 수수료 ⓘ                                  US$44.16
배송                                          US$11.68
총 결제 금액                                    US$614.84
** 상기 구매 가격에 관부가세 이미 포함하여 표시, 별도 부과 없음.

🚚  표준 배송
    인증을 위해 먼저 StockX로 배송됩니다

💳  MasterCard, 끝자리 5269

🏠
👤  CCIC: ********9681

      ⊙ StockX 인증 완료           ⊙ 저희의 약속

✓ 미사용 신상품
✓ 원래의 박스 포장
✓ StockX 인증 완료
```

위 사진과 같이 총 결제 금액에 관부가세가 포함된다. 따로 세관신고를 걱정할 필요가 없다.

    다만 $150 이하 제품을 구매할 때 써먹을 수 있는 방법으로, 이 제품이 미국령에서 오는지 아니면 타 국가에서 오는지 알 수 있는 방법을 알아보겠다. **36**은 스탁엑스에서 구매 시 최종 결제창이다. 즉 저 화면에서 버튼 하나만 클릭하면 구매 확정이 되는 거다. 사진 상단의 총 결제 금액 바로 아래 '상기 구매 가격에 관부가세 이미 포함하여 표시, 별도 부과 없음'이라는 문구가 보일 거다.

만약 미국령이 아닌 타 국가에서 오는 제품이라면, 제품 가격이 $100 이상일 경우 저 문구를 볼 수 있다. 미국은 $150까지 무관세이므로, 내가 지불할 금액을 고려하면 어느 지역에서 오는 제품인지, 세금을 면할 수 있는지 알 수 있는 지표가 된다.

중개업체
꿀팁

    중개업체를 통한 거래에서 유용한 팁이 하나 더 있다. 내가 지금까지 다룬 크림, 솔드아웃, 스탁엑스가 한국에서 가장 많이 사용하는 중개업체로, 이 3개 업체에서 거래할 때 도움이 되는 팁이다. 우선 크림과 솔드아웃은 상시 행사, 할인 이벤트를 진행한다. 카드사별로 포인트 혜택 등 여러 가지가 있는데 매번 바뀌므로 스스로 살펴보아야 한다. 먼저 카드사별 결제금액 혜택이다. 보통 4~10%인데 크림, 솔드아웃에서 기간 한정으로 예산이 소진될 때까지, 특정 카드사의 카드를 이용하면 최종 결제 금액에서 할인을 해준다. 잘 이용하면 구매수수료, 판매수수료로 나가는 금액을 카드사 혜택으로 채울 수 있다. 다만 고정적인 혜택이 아니기 때문에, 크림이나 솔드아웃에 자주 들어가서 공지사항이나 이벤트 항목을 살펴봐야 한다. 예산이 빠르게 소진되면 혜택을 받지 못할 수 있으므로 주의가 필요하다. 두 번째로 네이버페이, 카카오페이, 토스페이 등으로 결제할 때 받을 수 있는 즉시 할인, 포인트

적립 할인 등이다. 이 역시 매번 혜택 사항이 바뀌는데, 카드사 할인과 함께 묶어서 할인을 받으면 제법 돈을 아낄 수 있다. 스탁엑스의 경우에는 혜택이 조금 다르다. 앞서 언급한 카드사나 가상지갑 할인 혜택 같은 건 아직까지 보지 못했는데, 대신 특정 기간 한정으로 판매대금 수수료를 100% 면제해준다든가, 택배비용을 면제해주는 경우가 많다. 물론 상시 이벤트가 아니므로, 늘 관심을 가지고 살펴봐야 한다.

지금까지 중개업체를 활용한 리셀 방법을 알아보았다. 이제 리셀러가 되는 길의 절반은 온 거다. 왜냐하면 앞으로 설명할 개인 간 거래는 장단점의 차이만 있을 뿐, 내용이 크게 다르지 않기 때문이다.

개인 간 거래의
장점과 단점

이제 개인 간 거래에 대해 설명하겠다. 중개업체를 통한 거래에 장단점이 있다면, 당연히 개인 간 거래에도 장단점이 있다. 먼저 장점에 대해 알아보자.

우선 개인 간 거래의 가장 좋은 점은, 중개업체를 통한 거래에서 발생하는 수수료가 없다는 거다. 같은 제품을 사더라도 더 저렴한 가격에 구입할 수 있고, 리셀러 입장에서 이보다 큰 장점은 없기 때문이다. 또 다른 장점으로 개인 간 거래는 중개업체를 통한 거래보다 훨씬 빠르게 거래가 이루어진다. 즉 중간에 업체에서 검수를 받는 과정, 검수받은 제품을 다시 받는 과정이 생략된다. 그리고 직거래할 경우 각자가 편한 시간에 만나서 실제로 현물을 살펴보고 거래할 수 있다는 것도 장점이다.

신발도 사진과 실물은 생각보다 차이가 크다. 이 차이가 신발의 가격을 정하는 중요한 요소이기도 한데, 막상 실물을 받고 보니 사진보다 별로라는 의견이 모이면 가격이 떨어지는 원인이 되기도 하기 때문이다.

이제 단점을 알아보자. 우선 초보 리셀러에게는 신발이 진품인지 가품인지 구별하는 일 자체가 가장 큰 리스크다. 실제 거래를 해보면 시장에는 의외로 가품이 많다. 이런 초보 리셀러들을 노리고 고가의 제품을 싸게 파는 것처럼 속이는 경우가 파다하다. 가품은 시장에서의 가치가 0원이다. 리셀의 가장 큰 장점이 주식처럼 상장폐지가 되거나 가격이 0에 수렴하는 일이 없는 현물이라는 건데, 이 장점이 무의미해지는 셈이다. 그래서 초보 리셀러는 물론이고 스니커헤드 역시 가장 두려워하는 리스크다. 나 또한 30여 년간 신발을 수집하고 살펴봤지만, 내가 특별히 관심 있는 모델을 제외하고는 한눈에 정가품을 구별하기가 쉽지 않다. 인터넷의 발달로 정가품에 관해 많은 정보를 접할 수 있다 해도 실제 상황은 그렇다.

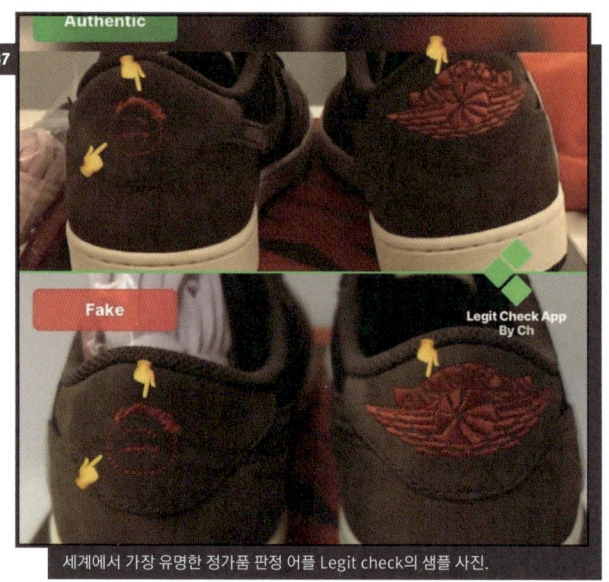

세계에서 가장 유명한 정가품 판정 어플 Legit check의 샘플 사진.

　위 사진에서 위쪽 제품이 정품이고, 아래쪽 제품이 가품이다. 눈으로 구별할 수 있다면 정말 고수인 셈이다. 초보 리셀러에게 이는 불가능에 가까운 작업이기 때문에, 개인 간 거래에서 최악의 단점으로 꼽힌다.

두 번째 단점은 다음과 같다. 개인 간 거래는 보통 커뮤니티, 카페, 번개장터, 당근마켓 등의 플랫폼에서 이루어진다. 정품을 판매한 판매자라도 사실상 또 한 번의 리스크를 감수해야 하는데, 그것은 제품의 상태에 대한 확신이다. 사람마다 제품을 보는 눈이 다르고 중개업체처럼 명확한 기준점이 없으므로, 생각보다 하자가 존재하는 제품일 가능성을 배제할 수 없다. 인터넷에서 사진만 보고 택배로 거래한다면 이 위험에서 벗어날 도리가 없다. 한 가지 예를 들어보겠다.

내가 개인 간 거래로 물품을 구매했다. 초보 리셀러 입장에서 양품의 기준을 잘 모르기 때문에 그냥 받았다고 하자. 조금 싼 가격에 제품을 구매했으니, 이것을 중개업체에 판매하려 한다. 그런데 검수에 불합격을 맞고 말았다.

이 두 가지 단점 때문에 개인 간 거래는 웬만큼 신뢰가 쌓인 사람이 아닌 이상 기피하게 마련이다. 그래서 중개업체 이용을 선호하게 된다. 결국 하이 리스크 하이 리턴인 거다.

여기에 또 다른 단점이 존재하는데, 바로 사기다. 중개업체를 통한 거래는 업체가 중간에서 모든 과정을 책임져 주기 때문에, 내 자산은 보호를 받는 셈이다. 그런데 개인 간 거래에서는 사기건수가 정말 많이 발생한다. 안전거래 시스템을 이용하지 않으면 내 자산은 보호받을 수 없다. 그럼에도 정산받을 때의 불편함, 시간이 오래 걸린다는 점 때문에 안전거래 시스템을 꺼리는 판매자도 많다. 번개장터, 중고나라같이 규모가 있는 거래 플랫폼에서는 안전결제 시스템이 존재한다. 안전결제 시스템이란 구매자가 제품을 받은 다음 제품에 하자가 없다고 판단할 시, 구매확정을 하고 나서야 그 금액이 판매자에게 정산되는 시스템이다. 그런데 여기에 치명적 단점이 하나 있다. 구매자가 구매확정 버튼을 눌러주지 않으면, 판매대금 정산이 들어오지 않게 된다. 여러 가지 이유로 이런 일이 발생하는데,

1) 악의적으로 판매대금을 늦게 정산해주려는 목적
2) 단순 변심으로 구매한 제품을 환불받는 경우
3) 중고나라론이라 불리는 사기 방식

등이 있다.

1) 판매대금을 늦게 정산해주려는 목적인 경우는 사실 드물다. 큰 위험요소는 아니다.

2) 단순 변심으로 구매한 제품을 환불받는 경우가 포인트다. 제품을 받았는데 생각보다 마음에 안 들거나, 내가 구매한 시기가 지금보다 가격이 비쌀 때, 단순 변심으로 구매자가 일방적으로 구매 취소를 할 수 있다. 구매자 편의를 위해 생겨난 시스템의 맹점인 셈이다. 또 아주 적은 확률로 물건 바꿔치기가 일어날 수 있다. 예를 들어 구매자가 구매한 제품과 동일한 제품을 들고 있다가, 하자가 있는 제품을 새로 구매한 하자가 없는 제품으로 바꿔치기해서 환불을 해 버리는 경우다. 이런 경우 판매자는 내가 판매한 제품이 아니라는 것을 무죄 추정의 원칙에 의해 직접 소명해야 한다. 이는 오랜 시간이 걸리며, 판매자가 제대로 된 보상을 받는 경우도 드물다.

3) 중고나라론은 반대로 판매자가 자주 사용하는 방식이다. 보통 안전결제는 카드결제, 혹은 계좌이체를 하게 되더라도 최종적으로 안전결제 시스템을 운영하는 업체가 관리한다.

즉 구매확정 버튼이 눌리기 전까지 판매자는 정산받을 수 없다. 하지만 안전결제가 없는 개인 간 거래일 경우 계좌이체를 통해 거래가 이루어지는데, 이때 이 중고나라론이라는 문제가 발생한다. 이 단어는 중고나라와 Loan이라는 단어의 합성어로, 중고나라에서 빈번히 발생한 사건이기 때문에 저렇게 불린다. 스니커헤드들은 아주 치를 떠는 수법으로, 우선 판매자가 구매자에게 입금을 받는다. 그다음 차일피일 핑계를 대며 제품을 보내지 않는다. 사실 이 판매자들은 처음부터 제품을 보내려는 마음이 없었던 거다. Loan이라는 단어에서 알 수 있듯 대출받은 것처럼 급한 불을 끄거나 도박 등 사행 행위에 그 돈을 쓰는 경우가 대다수다. 게다가 판매자가 돈을 돌려줄 의지만 보여주면, 사실상 형사적으로 처벌할 수 있는 방법은 없다고 봐도 무방하다. 민사소송 절차를 밟기 힘든 일반인의 약점을 이용한 것으로, 이렇게 중고나라론으로 사기를 치거나 돈을 묶어둔 다음 자기가 도박에서 돈을 따면 돌려주는 식이기 때문에, 개인 간의 거래에서 계좌이체 거래는 대다수 리셀러들이 피하는 방식이 되었다.

이외에도 자잘한 단점들로 인해 개인 간 거래는 많이 줄어든 게 사실이다. 그리고 업체를 이용한 거래를 선호하는 이유 또한 여기에 있다. 나 또한 수없이 구매를 해오면서 중고나라론 사기를 3번 당했다. 초보 리셀러 시절에는 경찰서에 가서 호소도 해보고, 사건 접수도 해보고, 민사접수까지 해보았다. 결국 그러는 동안 들인 시간과 마음고생 등을 고려하면, 초보 리셀러들에게 개인 간 거래는 솔직히 말리고 싶다. 초보 때는 제품을 싸게 사고 싶은 마음에 눈이 흐려져 이 제품이 가품인지 또는 중고나라론인지 분간하기가 쉽지 않으므로, 중개업체를 통한 거래부터 시작해보라고 권하고 싶다. 어느 정도 이 바닥에 대한 이해도가 높아지고 거래 경험이 쌓이면 판매자가 사기꾼인지, 나쁜사람인지, 매너 있는 사람인지 보이기 시작하는 순간이 온다. 그 자신감이 확실히 생기기 전까지는 안전한 거래를 하는 편이 낫다. 비싸게 거래되는 제품에는 비싼 이유가 있는 법이다.

지금까지의 중개업체와 개인 간 거래에 대한 설명은 신품, 즉 새 상품에 적용된다. 앞서 말했듯 중고거래시장 또한 새 상품과 큰 차이가 없을 만큼 거대하다.

나이키의 방식

Travis Scott Jordan 1 Low Canary.

38 은 조던 1 로우 트래비스 스캇 협업 모델로 카나리(Canary)라 불리는 제품이다. 이 신발은 120,000~150,000켤레가 글로벌 발매될 예정이라고 공식적으로 발표되었다. 이는 수량이 매우 한정적이라는 이야기다. 발매가는 $150로, 현재 미발매 상태에서 거래되는 가격은 $700에 육박한다. 발매가의 4배 정도 가격을 유지하고 있으며, 발매 후에도 당연히 정가인 $150에 거래되는 일은 없을 거다. 늘 그래왔기 때문이다.

Travis Scott Jordan 1 Low OG Moca.

또 다른 예로 위 사진은 2019년 7월 21일 정식발매가 된 제품으로, 2017년 처음 나이키와 협업한 트래비스 스캇의 3번째 조던 협업 모델이다. 이 모델의 발매 수량은 전 세계 30,000켤레 정도로 알려져 있으며, 발매가는 당시 159,000원이었으나 현재 거래되고 있는 평균 시세는 약 2,000,000원이다. 즉 10배 이상의 시세를 유지하고 있는 셈이다. 발매 시점에서 5년가량 지났는데도 말이다.

모든 나이키 신발이 저런 리셀가를 유지하고 있는 건 아니다. 하지만 나이키가 관리하는 특정 모델들은 수요와 공급이 절묘하게 조절되고 있다. 사실 리셀 시장 자체가 나이키의 이러한 운영 방식 때문에 발생한 것도 맞다.

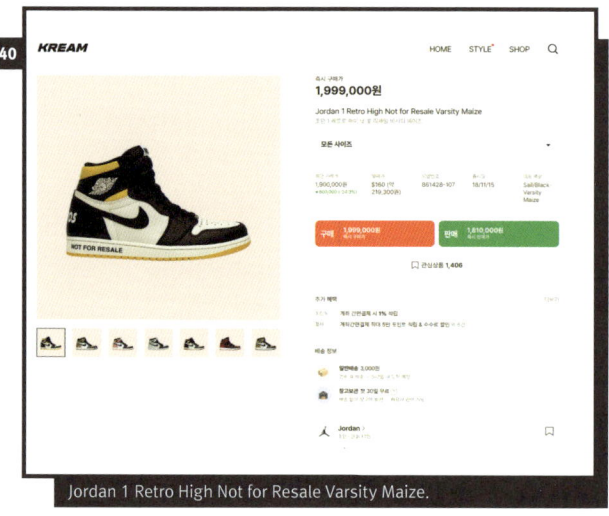

Jordan 1 Retro High Not for Resale Varsity Maize.

오죽하면 이 리셀 시장의 심각성을 의식한 나이키가 위와 같은 이름의 신발을 냈겠는가. 낫 포 리셀, 즉 리셀 용도로 만든 신발이 아니라는 의미인데, 결국 현세태를 풍자하는 동시에 리셀 문화를 없애겠다고 선포한 셈이다.

2018년 11월에 출시된 이 모델을 기점으로 나이키와 타 브랜드들의 리셀 문화가 시들었을까? 아니다. 오히려 저 신발의 등장 이후로 더 많은 모델이 리셀 시장에서 큰 웃돈을 주고 거래되는 상황이다. 이 신발도 발매가는 $160였으나, 현재 거래되는 가격 평균은 2,500,000원 정도다. 같은 모델의 다른 색 버전도 역시 발매가는 같으나 현재 1,000,000원 정도 선에서 거래되고 있다. 새 상품 기준이다.

이처럼 나이키는 공급을 무제한으로 풀지 않고 어느 정도 수량 관리를 하여 제품의 희소성을 유지해왔다. 스포츠 브랜드 임에도 불구하고 명품 브랜드의 운영 방식을 적용해 온 셈이다. 따라서 같은 신발이라도 이렇게 희소성이 있기 때문에, 중고 신발의 가치 또한 타 브랜드에 비해 매우 높다. 중고 제품의 가격 역시 새 제품에 비해 많이 떨어지는 것은 아닌데, 가장 큰 차이는 구매자의 내공에서 나온다. 제품이 얼마나 소모되었는가, 시장에서의 가치는 어떤가, 구성품의 상태는 완벽한가, 마지막으로 정가품인가를 구별하는 능력이 필요하다. 이 정가품 구별에 관해서는 최근 한국에도 많은 플랫폼이 생기면서 안전하게 거래할 확률이 높아졌다. 다만 가격 변동에 관해서는 중고 제품 시장이 새 제품 시장과 조금 다르다는 걸 알아야 한다. 앞서 말했듯 신발의 컨디션에 따라 가격이 책정되는데, 그 기준에 될 정확한 지표가 없기 때문이다. 사실 신발을 많이 접해본 사람만이 알 수 있는 부분이기 때문에 초보 리셀러가 접근하기에 알맞은 시장은 아니다. 하지만 리셀이 아닌 실착 목적으로, 조금 저렴한 가격에 신발을 경험해보고 싶은 사람에게는 꼭 필요한 중요한 정보다.

번개장터,
크림, 솔드아웃

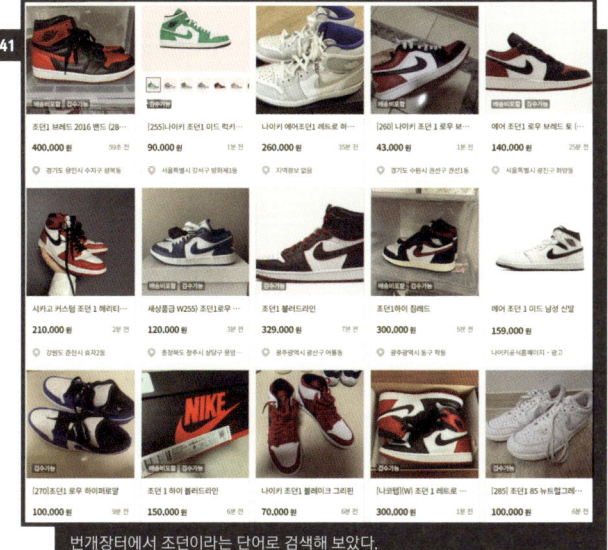

번개장터에서 조던이라는 단어로 검색해 보았다.

    위 사진을 살펴보면 '검수가능'이라는 문구가 붙어 있는 제품들이 있다. 새 제품이건, 중고 제품이건 상관없이 판매자 동의하에 검수를 받을 수 있게 등록해둔 거다. 즉 중고 제품도 정품인지 아닌지 번개장터 측에서 검수를 해준다는 건데, 초보 리셀러에게는 아주 편리한 제도가 되겠다.

> **42**
>
> **검수 받고 거래** 　　　　검수 없이 거래
>
> **번개케어 정품검수**　기간 할인
> **10,000원**　~~20,000원~~
> · 번개케어 검수센터 내 전문 검수팀이 정품을 확인
> · 검수 통과 후 가품일 시 200% 보상
>
> 　슈클린 추가 ⓘ　　　　　　　~~30,000원~~ 무료
>
> 번개장터의 구매창 일부.

위 사진에 나와 있듯 정품 검수 가격은 현재 만 원으로 책정되어 있으며, 전문 슈클린 서비스는 이벤트 중으로 무료다. 즉 중고 제품을 구매하여 번개장터의 정품 검수 서비스를 받게되면 신발 세탁까지 무료로 해준다는 거다. 실착 목적인 사람들에게는 꽤나 이득인 셈이다. 크림, 솔드아웃, 스탁엑스 등을 통한 거래에서 발생하는 수수료를 생각해보면 아주 저렴한 편이다. 물론 번개장터도 이용 수수료가 없는 건 아니다. 하지만 안전결제 수수료가 구매 금액의 3.5%이며 나머지 수수료가 붙지 않는다. 타 플랫폼에 비하면 정말 많이 저렴하기 때문에, 요즘에는 새 상품을 거래할 때도

번개장터를 이용하는 사람이 많아졌다. 국내 1위인 크림, 스탁엑스 같은 업체를 따라가기엔 아직 멀었지만 말이다. 여기에 번개장터 또한 카드사 수수료 이벤트, 무이자 할부 이벤트, 네이버페이 이벤트 등 다양한 이벤트를 진행하고 있다.

솔드아웃의 중고 제품 거래창.

솔드아웃의 중고 제품 거래창.

　　솔드아웃은 크림의 후발주자로, 신발 리셀 시장의 중개업체로 출발했다. 시장을 선점한 크림을 추격하기 위해 조금 더 공격적인 마케팅과 다채로운 서비스들을 도입하고 있다. 크림과의 가장 큰 차별점이 바로 중고 거래 서비스다. 번개장터와 같이 중고 제품 검수를 해주며, 추가 금액을 지불하면 마찬가지로 슈클린 서비스를 제공한다. 크림은 네이버의 자회사로 네이버 소속이다. 그리고 솔드아웃은 무신사의 자회사다. 두 거대기업의 경쟁인 셈인데, 최초로 자리 잡은 크림을 오랜 기간 이용한 고객들은 크림의 시스템이 조금 더

편하다고 하는 등 솔드아웃은 아직 크림의 점유율을 쫓아오지 못했다. 그래서 내건 전략이 바로 중고 제품의 정가품 검수와 슈클린 서비스다. 크림은 아직까지 중고거래 플랫폼은 운영하고 있지 않다.

이와 더불어 해외 유명 중고거래 사이트인 Goat, Ebay 등의 플랫폼도 거래가 활발하지만, 이 책은 리셀 초보자를 위한 것이므로 위 두 사이트는 따로 설명하지 않겠다. 시스템은 번개장터, 솔드아웃과 비슷하지만 어느 정도 내공이 필요하므로, 일단 국내 플랫폼에서 충분한 연습을 거친 후 시도하기를 추천한다. 지금 같은 고환율 시대에는 사실 Goat, Ebay에 물건을 파는 것 또한 큰돈이 될 수 있다. 하지만 충분한 연습 없이는 시행착오를 수없이 겪을 확률이 높다.

앞서 언급한 업체 외에도 수많은 업체들이 존재하지만, 시장 점유율이 높은 업체들이 거래도 활발하므로 기본적으로 이 업체들에서 거래하는 편이 낫다. 다만 덜 유명한 업체들에서 가끔씩 싼 가격에 제품을 구매할 기회가 생기는데, 검증이 제대로 된 업체가 아니라면 사용을 말리고 싶다. 바로 정가품 검수 문제 때문이다.

이제 당신은 리셀 시장의 대략적인 구조와 새 제품, 중고 제품의 거래, 각 업체와 개인 간 거래의 활용법 등 리셀러가 되기 위한 기초 지식은 대부분 갖춘 셈이다. 생각보다 쉽지 않은가? 그럼 이제 본격적으로 이윤을 극대화하는 나만의 노하우를 풀어보겠다. 30년 정도 기간 동안 나이키 신발이라는 한 우물만 판, 그리고 그 나이키 신발 중에서도 눈여겨봐 온 모델들을 통해 알게 된 돈이 되는 정보들이다. 물론 무조건 수익을 내는 구조가 있다고 한다면 거짓말이다. 시장은 늘 움직이고 리셀 시장 역시 마찬가지다. 하지만 이 책의 마지막 부분을 읽을 때쯤이면 지표가 어떻게 변할지, 그리고 왜 다른 브랜드가 아닌 나이키가 더 지표를 예측하기 쉬운지 등에 대해 명쾌하게 이해할 수 있을 거다. 그럼 시작해보겠다.

프로 리셀러를 위한
꿀팁

앞서 언급했듯 나이키는 수요와 공급을 절묘하게 조절하는 기업이다. 여기에 그 신발을 어떻게든 신고 싶게 만드는 마케팅, 당대 최고의 스포츠 스타, 연예인 등과의 긴밀한 관계, 명품 브랜드처럼 팔리지 않은 신발은 전량 소각하는 방침(실제 나이키 신발은 생산 공정에 잘못이 있거나 잘 팔리지 않으면 본사에서 전량 회수하여 불태운다. 이는 어느 정도 나이키에 관심이 있는 사람이라면 익히 아는 사실이다) 등이 나이키의 주된 전략이다. 나이키 에어포스, 나이키 덩크, 나이키 에어조던, 나이키 에어맥스 4가지 모델이 이런 나이키의 굵직한 역사 속 주인공들이다. 그리고 내가 이제까지 공부해온 종목 역시 이 4가지 모델이다. 사실 내가 잘 알지 못하는 모델의 시장 가치와 가격 변동을 예측한다는 것 자체가 어불성설이다. 하지만 학창시절부터 열광적으로 수집하고 지켜봐온 4가지 모델의 가격 지표는 나의 30년 경험과 직접 연관되므로, 4가지 모델에 관해서는 자신 있게 이야기할 수 있다.

나이키 에어맥스 95 네온.

위 사진은 1995년 처음 발매된 나이키 에어맥스 95 네온, 한국에서는 형광맥스라고 많이 불린 제품의 리모델링 제품이다. 그럼 왜 처음 발매된 제품이 아니라 나중에 재발매한 제품의 사진을 이야기할까? 나이키는 수요와 공급을 절묘하게 조절한다고 여러 차례 언급했다. 이와 더불어 나이키의 핵심 무기는 OG 모델에 있는데, 상징성 있는 모델이 처음 출시된 버전, 혹은 나이키 조던에 한해서 조던이 선수 시절 신고 뛰었던 모델들과 색상을 OG라고 부른다. 그중 에어맥스 95 네온은 바로 이 상징적인 맥스 95 OG 모델이다. 그런데 위 사진에 나와 있는 에어맥스 95 네온이라 불리는 모델은 1995년에 발매한 제품이 아니다. 이 제품은 2015년 발매한, 스타일넘버 759986-070인 에어맥스 95 OG 네온 3M이라는 모델로, 1995년 발매 당시와 동일한 모델인 맥스 95 네온을 복각한 모델이다.

에어맥스 95 네온 OG.

위 사진이 에어맥스 95 원판이다. 즉 최초 발매 시점의 제품이라는 이야기다. 두 제품을 비교 대상으로 놓은 이유는, 나이키의 정책 중 하나가 바로 OG 모델들을 복각하되 완전히 똑같은 개체로는 절대로 만들지 않는 거라는 점을 설명하기 위해서다.

즉 동일한 제품명의 제품이라도, 신발 자체의 디테일에는 차이가 있다는 거다. **45** 의 제품에 붙어있는 3M은 스카치, 즉 불빛을 반사하여 발광하는 스카치의 디테일이 바디에 들어간 모델이라는 의미이고, 1995년 당시 발매했던 맥스 95 원판은 신발의 텅 부분(발등이 닿는 부분. 해당 사진에서 Y자로 표시된 은색 부분을 의미한다)이 스카치 재질로 만들어졌다. 이게 왜 중요한 디테일이고 나이키가 승부수를 두는 요소 중 하나일까? 1995년 이후 형광 95 맥스는 수차례 발매가 되었지만, 1995년과 똑같은 재질, 똑같은 디자인, 똑같은 디테일로는 단 한 번도 발매된 적이 없기 때문이다. 이는 다른 OG 모델들도 마찬가지다. 이 점이 똑같아 보이는 신발임에도 불구하고 발매 연도가 다르면 다시 사게 만드는 셀링포인트이고, 가격을 유지시키는 요인 중 하나다. 참고로 나이키는 이 같은 사실을 분명히 파악하고 있어서, OG 모델을 무분별하게 생산하지 않는다. 보통 4~8년 주기로 이런 인기 라인의 OG 모델을 재발매 해주고, 발매 때는 디테일에 차이점을 둔다. 따라서 OG 모델들이 발매가의 정가 이하로 내려가는 일은 극히 드물다. 하지만 패션과 유행이 돌고 돌 듯, 이 OG 모델들도 정가 이하로 떨어져

아웃렛행을 면치 못하는 때도 있다. 다만 시간이 지남에 따라, 유행이 돌아옴에 따라 가격은 늘 회복되어왔다. 내가 자신 있게 말할 수 있는 모델은 앞서 언급한 그 4가지 중에서도 OG 모델이다.

나이키 에어조던 1 시카고 1985.

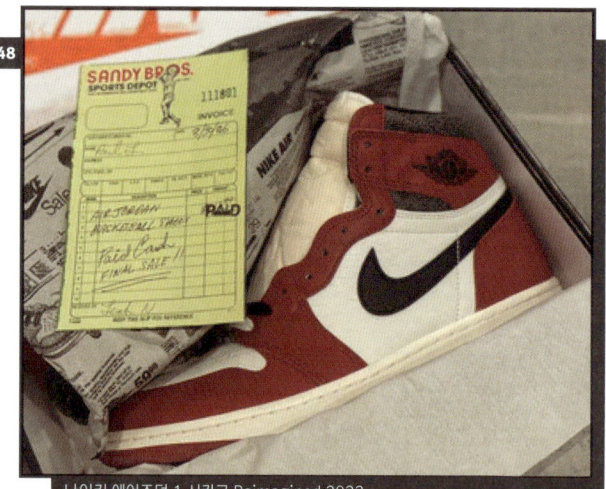

나이키 에어조던 1 시카고 Reimagined 2022.

47, **48** 은 동일한 색상의 모델로 제품명은 나이키 에어조던 1 시카고다. 다만 **47**은 1985년 처음 발매한 OG 모델로, 조던의 첫 나이키 시그니처 슈즈다. **48** 역시 1985년 모델을 복각한 나이키 조던 1 시카고 리이매진드로, 로스트 앤 파운드(Lost and Found)라는 부제로 나온 모델이다. 잃어버렸던 1985년 조던을 되찾았다는 콘셉트로, 그만큼 1985년 당시 조던을 구매했을 때 들어있던 영수증까지 비슷하게 복각한 제품이다. 이런 디테일이 신발을 수집하는 사람들을 미치게 만드는 하나의 요소인데, 이마저도 적은 수량으로 발매함으로써 나이키 신발의 가격이 유지되는 거라 볼 수 있다. 또 다른 디테일로 2022년 발매한 조던 시카고는 발목 부분의 조던 윙로고와 그 위아래 검은색 가죽 부분이 크랙 가죽이다. 즉 가죽이 오래되어 갈라진 모습까지 재현한 거다. 이런 디테일들을 살리는 것이 나이키의 공격적인 기업 운영 방식이다.

2022년도 재발매한 조던 시카고의 크랙 가죽 부분.

    1985년 발매된 조던 1 시카고는 현재 새 상품이 $30,000 정도에 거래되고 있으며, 2022년도에 발매된 조던 1 시카고 로스트앤파운드 모델은 현재 $400 정도에 거래되고 있다. 최초 발매가는 1985년 모델이 $65, 2022년 모델이 $180였다.

각 신발에 담긴 모든 스토리를 꿰고 있을 필요는 없다. 하지만 나이키의 역사, 기업 운영 방식, 왜 리셀가가 형성되는지, 그중에서도 OG 모델은 왜 실패할 확률이 적은지 등은 알 필요가 있다. 프로 리셀러가 되려면 알아야 할 첫 번째 팁이다.

그럼 두 번째 팁을 알아보자. 나이키 신발이 현재 최강자라고 해서 무조건 맹신해서는 안 된다. 자신이 눈여겨봐 온 모델들 위주로 투자하라. 이는 주식으로 치자면 삼성전자, 애플을 죽어라 공부하라는 이야기다. 자, 조던 1 1985년 모델은 최초 발매가 $65이다. 그리고 현재(2024년) 기준 리셀가는 $30,000 정도다. 약 462배가 오른 거다. 또한 2022년 발매된 시카고는 발매가가 $180였으며, 현재 거래가는 $400 내외다. 약 2.2배다. 그럼 이렇게 생각해볼 수 있다. 1985년 저 제품에 투자했다면 지금 가장 극대화된 수익을 낸 것일까? 결론부터 말하자면 아니다. 약 40년간 제품에 문제가 생기지 않도록 보관했어야 하고, 그 제품에 하자가 없어야 하며, 현재 거래가치가 있어야 저 가격이 유지되는 거다.

거기에 40년간의 물가 상승률과 그동안 들인 시간, 그동안 투자 원금이 묶인 부분까지 고려하면, 무조건 성공한 투자는 아닌 셈이다. 반면 2022년 시카고를 $180에 구매했고, 현재 $400에 판매한 경우는 어떨까? 앞서 말했듯 중개 거래를 통해 판매할 때는 수수료가 발생한다. 즉 $400에 판매했다면 내가 가져가게 될 돈은 $350 내외라 보면 된다. 그럼 약 2년 사이에 수익이 2배가 난 건데, 40년을 기다려서 460배의 수익을 내는 것과 2년 사이에 2배의 수익을 내는 것, 어느 쪽을 추구할지는 본인에게 달려있다. 그동안 내가 해당 자산을 묶어둘 수 있는지, 예상 수익에 대한 분석이 되는지 등을 면밀히 살펴보아야 한다. 결과론적인 이야기일 수 있지만 조던 1이라고 해서 무조건 리셀가가 붙는 게 아니다. 똑같은 조던 1 모델들, 즉 색상이 다른 모델들이 있기 때문이다. 그중에는 아웃렛에서 하찮은 취급을 받거나 발매가 이하로 내려가는 것들도 많다. 무조건이라는 건 없다. 다만 OG 모델들이 패배할 확률이 적고, OG가 아닌 일반 색상 모델들은 패배할 확률이 높은 거다. 리셀 시장의 움직임을 어느 정도 이해하고, 관심이 가는 제품 위주로 투자하라는 이유가 여기에 있다. 공부는 필수다.

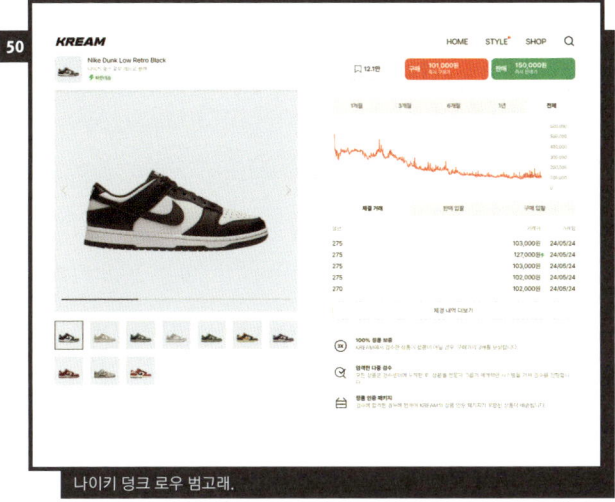

나이키 덩크 로우 범고래.

　국내에서는 덩크 로우 범고래라 불리고, 해외에서는 판다라 불리는 모델이다. 코로나 이후로 가장 핫했던 신발 중 하나로, 많은 리셀러들이 눈물을 흘리게 만든 모델이기도 하다. 발매 당시부터 선풍적인 인기를 끌었는데, 119,000원이라는 발매가에 비해 30~40만 원 선에 거래되는 효자상품이었다.

그러나 나이키가 재발매를 몇 번 거듭하고, 코로나로 인해 과열되었던 리셀 시장이 조금 시들해지며 불과 3년 만에 나락으로 떨어졌다. 현재(2024년) 몇몇 사이즈는 정가 이하에 거래되고 있는 수준이다.

따라서 세 번째 팁은, 분위기에 절대로 휩쓸리지 말라는 거다. 신발 자체가 투자가 된다는 것을 알게 되고, 이 사실을 각종 매체에서 다루면서 이제 발매가로 제품을 구매하는 일이 많이 힘들어졌다. 신발에 관심 없던 사람도 돈이 된다니까 득달같이 달려들고, 이는 사람들을 맹목적으로 분위기에 휩쓸리게 만든다. 하지만 그 누가 알았겠는가? 선망의 대상이었던 범고래 덩크가 발매가 밑으로 떨어질 줄은.

나 또한 저 팬데믹 장에서 판다 덩크를 너무나도 갖고 싶었다. 나이키를 상징하는 범고래 색상에, 스테디셀러이자 착화감도 좋은 덩크이니 말이다. 그런데 나는 늘 신발을 구매할 때 최소한의 철칙을 정해놓고 구매한다. 판다 덩크의 처음 발매가는 119,000원이였고, 몇 차례 재발매를 거쳐 발매가는 139,000원으로 올랐다.

저 신발의 가치는 얼마 이상은 아니야, 라는 판단하에 나는 신발들을 수집하며, 그 철칙을 지켰을 때 손해보는 경우가 거의 없었다. 분위기에 휩쓸리지 않으려고 늘 노력하고, 내가 생각하는 가격까지 내려오지 않으면 절대로 구매하지 않는다. 이건 컬렉터로서 가장 중요한 철칙이자 절대로 어기지 않는 법칙과도 같다. 자신만의 투자 규칙을 정하고 절대로 분위기에 휩쓸리지 말 것. 범고래 덩크는 비슷한 역사를 지닌 수많은 나이키 신발 모델들 중 하나일 뿐이다.

네 번째 팁은 앞선 내용에서 이어진다. 자신이 눈여겨봐 온 모델들 위주로 투자하라는 게 두 번째 팁인데, 바로 이렇게 체득한 나만의 노하우라고 볼 수 있다. 약 10년 전만 하더라도 웃돈을 주고 사야 하거나 구하기 힘든 사이즈는 270~280(남자), 240~250(여자)이었다. 즉 공급에 비해 수요가 많고, 남자와 여자의 평균 사이즈가 가장 많이 분포되어 있는 구간이다. 그런데 지금 시장은 295~300(남자), 240이하(여자)가 그렇다.

조던 4 레트로 썬더 2023년 모델.

    위 사진에서 알 수 있듯 큰 사이즈들이 다른 사이즈에 비해 높은 가격대를 형성하고 있다. 이는 예전과 다른 중개업체들의 등장, 인터넷의 발달, 개인 간 거래가 활발한 커뮤니티 등으로 인한 결과다. 한국에서는 270~280이 남자들의 평균 사이즈지만, 전 세계 기준으로는 290~305가 남자들의 평균 사이즈이기 때문이다.

미국 남성과 여성의 평균 신발 사이즈.

    위 그래프에서 알 수 있듯, 미국 남성의 평균 사이즈는 US 11~12가 압도적이다. 이는 한국 단위로 290~300이다. 세계에서 가장 소비력이 높은 미국인의 평균 사이즈가 큰 사이즈이므로, 큰 사이즈들이 자연히 더 돈이 되는 일이 벌어진 거다. 예전에는 대부분 거래가 국내에서 이루어졌으므로 270 사이즈가 더 돈이 되었다면, 현재는 소위 왕발 사이즈, 즉 290 이상 사이즈가 더 돈이 되는 거다. 내 경우 신발 사이즈가 300이다. 많은 웃돈을 주고 리셀로 구매하거나, 발매 일정에 맞추어 희박한 확률로 구매를 시도해야 하는 사이즈다. 하지만 나만의 철칙으로 인해 그런 행위는 하지 않는다.

아무튼 내 경우 이런 큰 사이즈의 가격을 꾸준히 관찰해왔기 때문에, 신발이 어느 정도 가격에서 거래될지에 대한 감을 가지고 있다. 물론 시대가 변하면서 나중에는 320 사이즈가 가장 돈이 되는 사이즈가 될지도 모른다. 요점은 리셀로 돈을 벌고 싶다면 자신의 신발 사이즈 위주로 공부를 해보라는 거다. 아니면 내 사이즈가 아니라도 특정 사이즈를 골라 철저히 분석해보라는 이야기다.

다섯 번째 팁은 장기 투자를 할 건지, 단기 투자를 할 건지 확실히 결정하고 나아가라는 거다. 스니커헤드들이 하는 우스갯소리가 있다.

나이키 로고.

몇 가지 나이키 OG 모델의 리셀가 그래프.

특정 인기 모델들은 사서 묵히면 53 의 나이키 스우시 모양대로 가격이 오른다는 거다. 장기 투자를 할지 단기 투자를 할지 결정하고 나아가라는 이야기는, 사실 여기서 출발한다. 모델들의 리셀가가 시간이 지나면서 점점 붙는 건 기정사실이다. 다만, 상승 폭이 얼마나 될지 예측하는 일은 쉽지 않다. 리셀가 그래프가 나이키 스우시 모양을 따라간다고 해서 장기 투자가 무조건 좋은 것도 아니다. 여유롭게 투자하여 오를 만치 올랐을 때 수익을 챙기는 사람도 있는 반면, 최대한 빠르게 수익을 챙겨야 하는 사람도 있기 때문이다. 그렇기 때문에 내가 구매할 시점과 판매할 시점의 기간을 어느 정도 정해두고, 자신만의 철칙을 만들어서 투자해야 하는 거다. 그래야 실패할 확률이 적다.

여섯 번째 팁은 돈이 되는 모델과 이쁜 모델을 구분하라는 거다.

나이키 트래비스 스캇 Jumpman Jack.

위 사진은 트래비스 스캇이라는 유명 아티스트와 조던 브랜드가 협업한 모델이다. 기존 조던 라인에 스캇의 디자인을 넣은 게 아닌, 트래비스 스캇 본인이 직접 전체 디자인을 한 신발이기도 하다. 2024년 4월 30일경 발매된 이 신발은 발매가 $200였고, 현재 평균적으로 $500 정도에 거래된다. 2.5배의 시세차익이 나는 셈이다. 그런데 재미있는 점은 신발, 특히 나이키에 무지한 사람에게 이 사진을 보여 주면 10명 중 7, 8명은 신발이 이쁘지 않다고 말한다는 거다. 심지어 나이키 스우시의 방향이 거꾸로 박혀 있으니까 가품이 아니냐고 생각하는 사람도 꽤 많다. 사실 이는 기존 스캇조던 시리즈들에 대해서도 많은 사람들이 보였던 반응이다. 하지만 리셀가는 저렇게 높다.

에미넴 조던 4 Encore.

위 사진은 유명 래퍼 에미넴이 자선활동을 위해 발매한 조던 4 모델이다. 전 세계 100켤레 미만으로 한정 발매되었고, 샘플모델과 발매모델 통합 기준이다. 발매가는 $210이지만 현재 거래되는 평균 가격은 약 $20,000이다. 하지만 이 신발이 이쁘냐는 질문에는 대부분 사람들이 의문을 가지고 있다. 다만 신발에 담긴 스토리와 희소성이 스니커헤드들을 미치게 하는 거다. 발매 수량이 워낙 적다 보니, 일부 수집가들을 제외하고는 원천적으로 보유할 수 없는 모델인 셈이다.

나이키 덩크 로우 유니언 Passport pack Argon.

　이 덩크는 Union LA라는 브랜드와 나이키가 협업한 Passport pack이다. Argon, Pistachio, Court Purple white 총 3가지 색상이 있다. 여권을 모티브로 한 팩인데, 발매 당시인 2022년 4월경에 선풍적인 인기를 끌었고 발매가인 $150에 비해 리셀가도 상당히 높았던 모델이다. 하지만 현재는 리셀가가 발매가 근처에서 웃돌고 있다. 신발에 담긴 스토리도 좋고 협업이라는 프리미엄이 붙었음에도 가격은 사실상 나락으로 떨어진 셈이다. 몇몇 사이즈는 정가 이하로 떨어져 아웃렛 같은 곳에서도 종종 보인다.

이 모델들을 살펴보면 결국 이쁜 모델과 돈이 되는 모델은 다르다는 걸 알 수 있다. 리셀가를 결정하는 건 종합 지표다. 수량, 디자인, 스토리, 무엇보다 가장 중요한 건 트렌드다. 지금 패션 트렌드가 어떤지 알고 있으면 실패 확률은 낮아진다. 2000년대 초반 스키니진 등 몸에 붙는 바지가 유행했었고, 2024년 현재 다시 그 유행이 돌아오고 있다. 불과 2~3년 사이에 트렌드가 바뀐 거다. 한동안 배기진, 통 넓은 바지, 품이 넉넉한 옷이 유행이었지만, 지금은 그 유행이 지나고 있다는 이야기다.

단기 투자에서는 이렇게 패션 트렌드도 항상 살피고 있어야 한다. 물론 트렌드에 민감한 단기 투자가 아니라면, 제품을 구매해두고 기다리다 보면 유행은 다시 찾아온다.

조던 1 하이 게토레이 팩.

　위 제품은 조던 1 하이와 게토레이가 협업한 모델이다. 정식발매는 2017년 12월경이며, 총 4가지 컬러로 발매되었다. 발매가는 $175였다. 협업 제품에 박스도 스페셜 패키징이어서 리셀가가 상당히 붙겠다고 예상한 사람이 많았지만, 발매 당시 제품이 판매되지 않아 거의 전량이 아웃렛으로 향하거나 수거, 소각되었다. 현재(2024년) 기준으로는 $300~$350 정도에 거래된다.

이해하기 어렵겠지만, 이게 리셀 시장의 현실이다. 내 눈에 이뻐 보이지 않아도 비쌀 수 있으며, 엄청 이뻐 보이는데 헐값일 수도 있다. 따라서 그 시대의 트렌드를 파악하고 고민하는 태도를 가져야 한다. 협업 모델이라고 무조건 비싸지는 게 아니라는 점도 기억해두자.

마지막 일곱 번째 팁은 다음과 같다. 신발은 현물이다. 관리가 생명이고, 그게 돈과 직결된다는 거다.

가수분해가 일어난 에어조던 1 하이 시카고 1985.

나이키 신발 특성상 일정 시간이 지나면 가수분해 현상이 일어난다. 가수분해에는 크게 2가지가 있는데, 하나는 신발의 본체와 밑창이 떨어져 나가는 것, 다른 하나는 신발의 밑창이 가루가 되어 부서지는 것이다. 첫 번째는 밑창분리라고 따로 불리기도 하지만, 보통 묶어서 가수분해라 부른다. 어차피 수리가 필요하기 때문이다. 위와 같이 가수분해가 일어나면 가격은 나락으로 떨어진다. 저렇게 희귀한 1985년도 판 조던 1일지라도 말이다.

조던 3 프라그먼트.

위 두 사진은 조던 브랜드와 프라그먼트라는 유명 브랜드가 협업한 모델이다. 조던 3 프라그먼트라고 불리는데, 위아래 사진을 비교해보면 신발 뒷부분이 누렇게 변색된 걸 알 수 있다. 60 이 변색 후 사진이고, 61 은 변색 전 사진이다.

제품에 하자가 생기면 자연히 가격은 떨어진다. 앞서 본 시카고 모델의 경우 가수분해되기까지 보통 10~20년이 걸린다고 한다. 물론 새 제품으로 보관할 경우와 몇 번 신었을 경우의 차이도 존재한다. 재미있는 점은 새것으로 보관한 제품이 몇 번 신은 제품보다 가수분해가 더 빨리 일어난다는 통계다. 그런데 변색은 조금 다르다. 조던 3 프라그먼트는 2020년 9월 발매된 모델로, 아직 4년이 채 되지 않았다. 즉 신발을 사서 그대로 보관했는데, 2~3년 후 꺼내봤더니 저렇게 변색이 되었을 수 있다는 이야기다.

신발 관리의 생명은 온도, 습도, 그리고 자외선 차단이다. 대부분 변색은 자외선으로 인해 발생한다. 또한 가죽, 누벅, 인조가죽, 스웨이드, 나무 등의 재질로 이루어진 신발 본체 혹은 구성품에 곰팡이가 발생하는데, 이는 습도를 제대로 관리하지 않은 경우다. 마지막으로 가수분해, 가죽의 갈라짐, 일부 변색의 원인은 온도관리다. 습도는 50%가 넘으면 좋지 않고, 습해질수록 더 쉽게 망가진다. 온도는 너무 더운 상태가 지속되거나, 영하 이하의 날씨가 지속되면 고무가 들어가는 부분들의 경화가 일찍 오게 된다. 이때 자외선에도 노출될 경우 고무가 들어가는 부분들이 변색되기도 한다. 중고 제품이라면 어느 정도 정비하고 판매하면 되나, 새 제품이라면 골치 아픈 상황이 생기는 거다. 게다가 복원에 드는 비용이 신발 원가보다 높은 경우도 있기 때문에, 신발의 보관과 관리는 프로 리셀러라면 정말 중요한 체크 포인트다.

따라서 햇빛이 들지 않는, 습도가 낮고 서늘한 곳에 보관하는 게 제일 좋은 방법이고, 그 외의 관리방법은 사람마다 다를 수 있겠다.

내 경우 신발을 슈브제라는 신발 케이스 안에 실리카겔과 함께 넣어, 햇빛이 들지 않는 곳에 보관하는 걸 선호한다.

물론 슈브제가 반드시 필요한 건 아니다. 신발이 든 박스에 마찬가지로 실리카겔을 몇 개 넣어 보관하는 방법도 있고, 슈렉이라는 신발 전용 정리대 같은 곳에 박스째 보관해도 된다. 요점은 습도, 온도, 햇빛을 잘 고려해서 보관해야 나중에 일어날지 모를 불상사를 피할 수 있다는 거다.

절세의
기술

한 가지 더 다뤄야 할 문제는 2024년부터 법 개정이 시작되어, 중고 거래에도 세금이 부과될 수 있다는 점이다. 즉 종합소득세 납부 대상이 될 수 있다는 이야기다. 아직 확실한 가이드라인은 나오지 않았지만 명확한 사례들이 있다. 중고 거래로 발생한 소득이 판매금액 연 50,000,000원 이상, 거래횟수 연 50회 이상인 사람들이 갑작스러운 세금납부 통보를 받은 거다. 다만 중고 거래로 인한 소득이 발생하지 않았다는 증빙자료를 제시하면 없던 일로 해주는데, 그 과정이 복잡하고 쉽지 않다. 현재 중고나라, 당근마켓, 번개장터 등에서 일어나고 있는 일이며, 2025년에는 중개업체인 크림, 솔드아웃 등에 대해서도 세금부과를 확장할지에 대해 면밀히 논의 중이라고 한다.

사업자를 내지 않고 크림이나 솔드아웃에 새 제품을 판매한 사람도 나중에 세금 폭탄을 맞을 수 있다는 이야기다. 통신판매업자를 내고 거래하는 사람이라면 자동으로 세무신고가 들어가니 문제가 덜하지만, 개인이 거래를 많이 하게 되면 세금에 대한 자진신고가 들어가지 않으므로 나중에 문제가 될 수 있다.

총정리

지금까지 이야기한 나만의 노하우는 이렇게 정리해 볼 수 있겠다.

1. 나이키가 어떤 역사를 가지고 운영되어 온 기업인지 이해하고
2. 그렇다고 해서 나이키를 절대적으로 맹신하는 태도는 가지지 않으며
3. 자신이 눈여겨봐 온 모델들 위주로 투자하고
4. 관심을 가지고 오랜 시간 꾸준히 노력해야 하며
5. 다른 사람들이나 장이 돌아가는 분위기에 휩쓸리지 말아야 하며
6. 장기 투자인지, 단기 투자인지 결정한 뒤에 나아가고
7. 시대 트렌드를 파악해야 하며, 이쁜 모델이 가격으로 이어지는 것이 아님을 인정하고
8. 협업 모델이나 OG 모델이라고 해서 무조건 가격이 높은 것은 아니며
9. 신발 관리는 업무의 연장선이 아닌 동일 선상에 놓는다.

이 외에도 말하고 싶은 것들은 많지만, 초보 리셀러가 일단 실용적으로 활용할 수 있는 노하우 위주로 풀어보았다. 조금만 관심을 가지고 위의 내용들을 숙지하면 어느 순간 자연스럽게 돈을 벌고 있는 자신을 발견하게 되지 않을까.

03
해외 플랫폼 맛보기

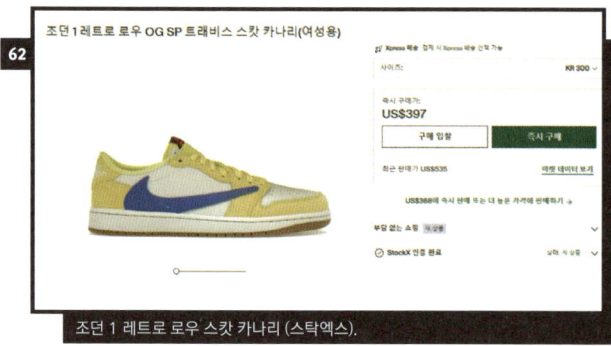
조던 1 레트로 로우 스캇 카나리 (스탁엑스).

조던 1 레트로 로우 스캇 카나리 (크림).

위 신발은 조던 1 레트로 로우이며, 트래비스 스캇과 협업한 카나리라는 모델이다. 국내 시장에서는 중개업체 혹은 판매자에 따라 가격이 조금씩 다르다. 하지만 가격 평균이 시장의 움직임을 따르기 때문에 실제 가격 차이는 5~10% 내외라고 볼 수 있다.

하지만 해외 시장까지 포함시켜서 보면 가격 차이는 더 커진다. 현재 카나리를 기준으로 해외는 75~80만 원 선에서 거래되고, 국내는 50만 원 선에서 거래되고 있다.

전체 판매 내역

아래 금액은 최종 결제 금액이 아닙니다. 결제 시 기타 수수료가 포함됩니다.

날짜	사이즈	거래가
24. 08. 14. 오전 2:33	KR 300	US$535
24. 08. 14. 오전 2:31	KR 300	US$654
24. 08. 14. 오전 2:29	KR 300	US$542
24. 08. 13. 오전 8:30	KR 300	US$546
24. 08. 13. 오전 5:11	KR 300	US$635
24. 08. 13. 오전 4:34	KR 300	US$589
24. 08. 12. 오후 8:33	KR 300	US$617
24. 08. 12. 오전 10:00	KR 300	US$586
24. 08. 12. 오전 12:33	KR 300	US$382
24. 08. 11. 오후 12:46	KR 300	US$564
24. 08. 11. 오후 12:25	KR 300	US$564
24. 08. 10. 오후 12:24	KR 300	US$564
24. 08. 10. 오전 9:23	KR 300	US$564
24. 08. 10. 오전 8:41	KR 300	US$537
24. 08. 10. 오전 7:19	KR 300	US$564
24. 08. 10. 오전 6:59	KR 300	US$755

조던 1 로우 카나리 스탁엑스 거래가.

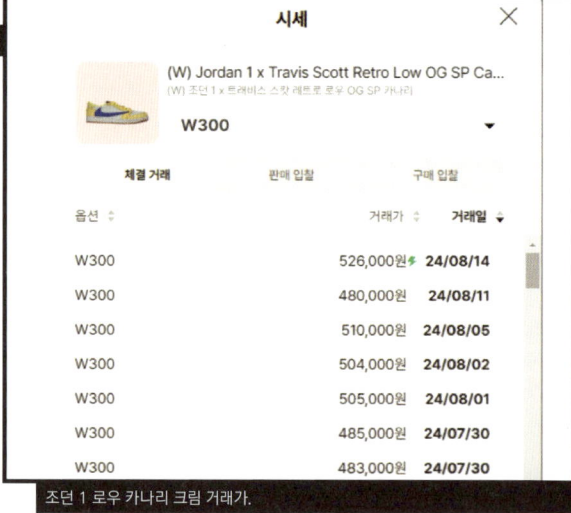

조던 1 로우 카나리 크림 거래가.

최근 열흘 정도의 거래 내역을 보면 같은 모델, 같은 사이즈임에도 불구하고 가격 차이는 25만 원 정도까지 난다. 약 33%의 가격 차이인 셈이다. 왜 국내 플랫폼과 해외 플랫폼에서 가격 차이가 이렇게 크게 날까? 참고로 조던 1 로우 트래비스 스캇의 발매가는 한국 기준 179,000원, 미국 기준 $150이다(조던 1 로우 카나리의 미국 발매가는 현재 환율로 20.5만 원이다. 한국 발매가와 2.5만 원가량 차이가 난다). 여기서 눈여겨봐야 할 몇 가지 항목이 있다. 해외 시장을 살필 때 가장 중요한 요소다.

해외 시장 중요 포인트

- **1** 환율에 따른 가격 차이.
- **2** 해당 국가의 관세 제도.
- **3** 해당 국가의 제품 구매 시 부과되는 세금 (VAT, Sales Tax).
- **4** 국가별 수요와 공급.
- **5** 위 요소들에서 얻을 수 있는 노하우.

이렇게 크게 5가지 요소를 살피면 많은 돈을 아낄 수 있고, 따라서 수익도 달라질 수 있다. 우선 환율에 따른 가격 차이부터 간략하게 설명해보겠다. 당연한 이야기지만 세계의 환율 정세는 늘 변한다.

환율에 따른 가격 차이 (발매가)

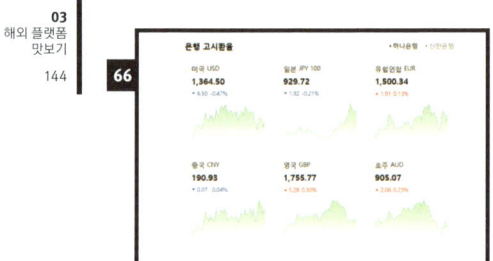

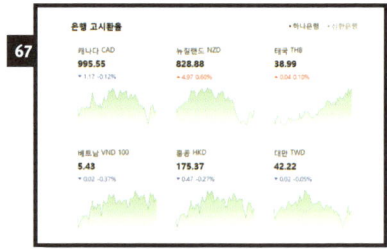

세계 환율.

현재 원화 기준 환율은 왼쪽과 같다. 가장 많이 쓰이는 화폐를 기준으로 정리했는데, 리셀할 때 가장 많이 쓰이는 화폐는 달러, 엔, 유로, 위안 정도라 보면 된다. 즉 미국, 일본, 중국, 유럽의 리셀 시장이 가장 크다는 이야기다. 발매가든 리셀가든 환율은 면밀히 살펴야 할 항목이다. 발매가의 경우 특히 그렇다.

한국에서 나이키 신발의 경우 물가상승으로 인해 나이키 코리아에서 가격 인상을 발표하는 경우를 제외하면 발매가는 늘 동일하다. 대표적인 예가 다음과 같다.

조던 1 하이 옐로우 오커.

조던 1 하이 모델의 경우 현재 219,000원이 발매가다.

조던 4 인더스트리얼 블루.

조던 4 모델의 경우 현재 249,000원이 발매가다.

에어포스 로우 린넨.

에어포스 모델의 경우 현재 159,000원이 발매가다.

이렇게 협업 혹은 특별판 모델이 아닌 기본 모델 라인의 경우 발매가는 정해져 있다. 하지만 미국 기준으로 **68**의 조던 1 하이 옐로우 오커는 $180 (약 246,000원), **69**의 조던 4 인더스트리얼 블루는 $215 (약 294,000원), **70**의 에어포스 로우 린넨은 $135(약 185,000원)이다. 발매가와 3~5만 원 정도의 가격 차이를 보인다. 즉 같은 모델을 발매가로 구매해도 단순 계산으로 5~15% 내외의 가격 차이가 존재한다는 거다. 이는 관세와 부가세, 혹은 Sales tax를 제외하고도 꽤나 큰 금액이다.

이번엔 일본의 경우를 보자. 조던 1 하이 옐로우 오커는 발매가 16,500엔(약 153,000원), 조던 4 인더스트리얼 블루는 31,900엔(약 295,000원), 포스 로우 린넨은 18,920엔(약 176,000원)이다. 역시 같은 신발을 구매해도 한국에서 구매하는 경우와 해외에서 구매하는 경우 가격 차이가 난다는 거다. 그렇다면 나이키의 기본 모델들은 미국, 유럽, 일본, 중국, 한국, 그리고 소수의 남미 국가들에서 비슷한 시기에 발매되는데, 그중 가장 유리한 가격을 골라 매입할 수 있다는 이야기다. 엔화가 약세라면 일본에서 제품을 구매하고, 그렇게 구매한 제품을 달러가 강세라면 미국에서 판매하는 게 한 가지 방법이다. 초보 리셀러도 구매하려는 신발의 정확한 명칭이나 품번을 알고 있다면, 그 신발이 국가별로 얼마에 발매되었는지, 현재 환율로 얼마에 구매할 수 있는지 쉽게 알 수 있다.

맨즈와 우먼즈

덩크 로우 범고래.

다만 초보 리셀러라면 주의할 사항이 있다. 첫 번째, 국가별로 해당 모델의 명칭이 다르다. 예를 들어 71 은 한국에서 나이키 덩크 로우 범고래라고 불리는 모델이며 크림, 솔드아웃, 번개장터, 네이버 등에서 덩크 범고래라고 검색하면 쉽게 찾아볼 수 있다. 하지만 미국에서 같은 제품을 부르는 명칭은 덩크 로우 판다(Panda)이다. 판다의 털 색깔과 같다고 붙은 애칭이다. 이렇게 신발을 부르는 이름은 국가별로 다를 수 있다는 점을 인지해야 한다.

여기서 한 가지 재미있는 사실이 있다. 나이키 본사에서 신발에 부여하는 고유의 모델번호 또는 제품번호는 모든 국가가 동일하다. 위 덩크 로우 범고래의 모델번호는 DD1391-100이다. 남성 사이즈로 발매된 이 덩크 로우 범고래는 어느 국가든 모델번호가 같다는 이야기다.

덩크 로우 범고래 우먼즈.

여기서 초보 리셀러들이 가장 많이 저지르는 실수 중 하나를 짚고 넘어가겠다. 71, 72에서 외형상 차이는 느끼기 힘들 거다. 이름 역시 덩크 로우 범고래로 같다. 그런데 자세히 보면 (W)라는 표기가 이름 앞에 있고, 모델번호가 DD1503-101로 71의 덩크 로우 범고래와 서로 다르다. 이는 맨즈와 우먼즈의 차이다. 즉 남자 사이즈로 발매한 덩크 로우 범고래와 여성 사이즈로 발매된 덩크 로우 범고래라는 거다. 실제 두 신발을 나란히 놓고 보면 모양이 살짝 다른데, 남성의 발과 여성의 발에 맞게 만들어졌기 때문이다. 그리고 발매가 또한 우먼즈가 만원 더 저렴하다는 점을 알 수 있다. 맨즈의 경우 가장 최근 발매가가 139,000원, 우먼즈의 경우 129,000원이다. 주의해야 할 점은 중개업체를 통하든 개인 간 거래든 해당 모델을 정확히 인지하지 않고 거래하면 사기가 될 수 있고, 페널티를 받을 수 있다는 거다.

73

크림의 페널티 기준.

위 사진에서 밑줄 친 부분을 보면, 모델명이 일치하지 않는 제품을 발송할 경우 상품 불일치로 판매가의 10% 페널티를 받는다고 나와 있다. 20만 원에 신발을 판매했다면 10%에 해당하는 2만 원의 페널티, 즉 벌금을 물게 되는 거다. 중개업체마다 다르지만 보통 10~20%의 페널티를 받는다. 거래도 당연히 취소된다. 초보 리셀러들이 자주 저지르는 실수이므로, 꼭 주의하여 거래하기를 바란다.

환율에 따른
가격 차이 (리셀가)

　발매가로 제품을 구매할 때 환율을 활용하는 방법이 있듯이, 리셀가로 구매할 때도 마찬가지 방법이 있다. 이때는 중요한 요소가 하나 더해지는데, 바로 국가별 관세제도다. 나이키 신발의 경우 미국 발매가는 $100~$200이다. 그런데 리셀가는 보통 발매가보다 높기 때문에 관세제도에 민감할 수밖에 없다. 일례로 미국의 경우 $200 이상 가격의 신발을 구매했다면 관세 13%와 부가세 10%를 내야한다. 이는 국가마다 다르기 때문에 주요 국가들의 정책은 상세히 알고 있어야 한다. 초보 리셀러들이 이 부분을 잘 모르고 제품을 구매했다가, 나중에 울며 겨자 먹기로 세금을 내서 결과적으로 손해를 보는 경우가 허다하다.

해당 국가의
관세 제도

___

그럼 먼저 국가별 관세제도를 살펴보자. 관세제도는 크게 2가지로 나눈다. 미국과 그 외의 국가다. 미국은 자유무역협정인 FTA(Free Trade Agreement)로 인해 총 $200 내로 구매하면 관세가 따로 부과되지 않는다(신발에 한해 그렇다). 여기에 목록통관과 일반통관의 개념을 알아야 한다. 통관이란 관세법에서 정한 절차에 따라 물품을 수출, 수입, 반송하는 것을 의미하는데 이 모든 과정은 세관을 거쳐야 한다.

○ 목록통관 : 개인이 자가 사용을 목적으로 수입하는 물품의 가액이 $150 이하일 때 특송업체의 통관 목록(물품리스트) 제출만으로 수입신고가 생략되어 관세 및 부가세가 부과되지 않는 제도.
(타 국가들은 $150이며, 미국의 경우만 $200이다.)

○ 일반통관 : 목록통관 품목을 제외한 모든 물품에 대해 해당 세관에 수입신고하고 통관하는 일반적인 통관제도.

< 목록통관 배제대상 물품 예시 >

번호	구 분	예 시(빈번 반입품)
1	의약품	파스, 반창고, 거즈 · 붕대, 항생물질 의약품, 아스피린제제, 소화제, 두통약, 해열제, 감기약, 발모제 등
2	의료기기	임신테스터기, 주사기, 전자체온계, 혈압측정기, 혈당측정기, 콘택트렌즈, 문신용기기, 코세정기, 귀세정기, 콘돔 등
3	한약재	인삼, 홍삼, 상황버섯, 녹용 등
4	야생동물 관련 제품	'멸종 위기에 처한 야생 동·식물의 국제거래에 관한 협약(CITES)'에 따라 국제거래가 규제된 물품 (예) 상아제품, 악어가죽 제품, 뱀피 제품 등
5	농림축수산물 검역대상물품	커피(원두 등), 차, 견과류, 씨앗, 원목, 초체분유, 고양이 · 개 사료, 햄류, 치즈류 등
6	건강기능식품	비타민 제품, 오메가3 제품, 프로폴리스 제품, 글루코사민 제품, 엽산 제품, 로열젤리 등
7	지식재산권 위반 의심물품	짝퉁 가방·신발·의류·악세사리 등
8	식품류 · 주류 · 담배	비스킷 · 베이커리, 조제커피 · 차, 조제과실 · 견과류, 설탕과자, 초콜릿식품, 소스, 혼합조미료, 주류 · 담배 등
9	화장품	기능성화장품(미백 · 주름개선 · 자외선 차단 등), 태반화장품, 스테로이드제 함유 화장품 및 성분 미상 등 유해화장품에 한함
10	적하목록 정정에 따라 선하증권 또는 항공화물운송장 내용이 추가로 제출된 물품	
11	통관목록 중 품명 · 규격 · 수량 · 가격 · 수하인주소 · 수하인 전화번호 등이 부정확하게 기재된 물품	
12	「전파법」시행령 제77조의2제1항에 따른 방송통신기자재등으로서 같은 영 별표 6의제1호자목에 해당하는 물품	
13	기타 세관장 확인대상물품	총포 · 도검 · 화약류, 마약류 등

목록통관 배제대상 물품.

위에 나오듯 신발은 목록통관 배제대상 물품이 아니므로 일반통관에 대한 개념은 대강 훑어보고 잊어도 된다.

사실상 2가지 통관제도가 존재한다는 것만 인지하면 되고, 우리가 집중해야 할 제도는 목록통관이다. 해외 직구를 해본 사람이라면 통관제도에 대해 그리 어렵다고 여기지 않을 거다. 왜냐하면 목록통관으로 제품을 구매했어도 면세기준을 넘지 않았다면 제품을 그대로 받았을 것이고, 면세기준을 넘었다면 관세청에서 자동으로 세금을 부과하기 때문이다. 신발이나 의류의 경우 관세 부과 기준을 넘지 않았다면 따로 할 일이 없다. 만약 관세 부과 기준을 넘었다면 관세청에서 친절하게 문자로 안내해준다.

> [75]
>
> 관세청유니패스
>
> **알림톡 도착**
>
> 사후납부자 통관 자진신고등록 안내
>
> [인천공항세관] 귀하의 여행자 휴대 통관물품에 대한 관세납부 안내 알림톡입니다.
>
> □ 관세부과내역
> ㅇ 휴대품 번호
> ㅇ 납 부 금 액
> ㅇ 납 부 기 한|
> 시간내)
> ∧ 관세납부전용계좌 : 농협
>
> □ 납부방법(3가지 방법 중 택일)
> ① 납부고지서에 의해 금융기관에 납부
> ② 관세납부전용계좌 입금(365일, 00:30~23:00)
> ③ 카드로택스(www.cardrotax.kr)에서 카드 납부(회원 또는 비회원, 관세 선택) (365일, 00:30~23:30), <납부대행 수수료 : 신용카드 0.8%, 직불카드 0.5%>
>
> □ 납부기한 경과 시 납부지연가산세 부과
> ① 최초 납부기한 경과시 3% 납부지연가산세가 부과됩니다.
> ② 납부할 세액이 100만원 이상인 경우, 5년간 1일 경과 시마다 0.025% 추가 가산됩니다.

관세청 유니패스 카톡안내.

[75] 처럼 미국의 경우 $200, 그 외 국가의 경우 $150가 넘는 신발, 의류를 구매했다면 통관에서 인식되어 관세청의 연락을 받게 된다. 보통 문자나 카톡으로 연락이 오고, 계좌이체나 신용카드 등의 방법으로 납부할 수 있다. 행여나 아주 적은 확률로 세금납부 고지서가 오지 않는다고 좋아할 필요 없다. 결국 시간 문제로 언젠가는 연락이 올 거고, 이를 납부하지 않으면 어떻게 되는지는 상상에 맡기도록 하겠다.

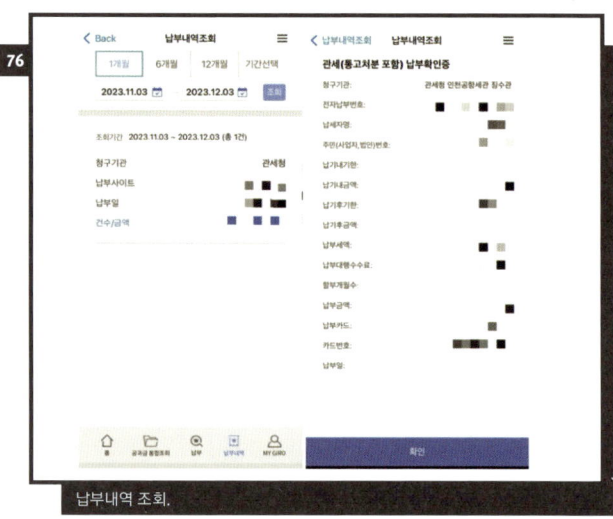

납부내역 조회.

76 처럼 내가 납부한 세금 내역은 핸드폰 어플, 관세청 홈페이지 등에서 조회 가능하다. 한 가지 팁을 알려주자면 세금을 한 번에 내기 어려운 경우(고가의 제품 혹은 많은 제품을 구매 시) 신용카드로 3~6개월 정도의 무이자 할부 결제가 가능하다. 가끔씩 카드사 이벤트도 있어서 12개월까지 무이자 할부가 가능하니 꼭 체크하여 혜택을 누리자.

자, 그럼 $150~$200인 제품을 구매하면 세금이 없을까?

목록통관 기준금액은?

목록통관 기준금액은 물품 가격 미화 150불 이하 다만, 한미 FTA에 따라, 미국에서 구입하여 미국에서 발송되는 제품에 한해 미화 200불까지 목록통관이 가능 합니다.

목록통관 기준금액 계산

물품가격
+
발송국가 내 세금
+
발송국가 내 내륙운임 및 보험료

(발송국가에서 우리나라로 배송되는 운임과 보험료는 제외)

150불 초과

목록통관 기준금액 초과 시에는 일반수입신고 절차가 진행되므로, 이에 따라 물품 가격 미화 150불 초과시에는 관부가세가 부과됩니다.

목록통관 기준금액.

목록통관, 줄임말로 목통관이라 불리는 기준은 물품의 가격만으로 $150~$200일 거라고 생각하기 쉽다. 하지만 안타깝게도, 그 기준은 물품의 가격 + 발송국가의 세금(Sales Tax, VAT) + 발송국가의 운임료 + 보험료로 결정된다. 예를 들어 $150짜리 신발을 미국 본토에서 구매했다고 하자. 그리고 배송대행지를 통해 한국에서 물품을 받으려고 한다. 배송대행지까지 운임 비용은 $30가 들었다.

$150짜리 신발을 구매했을 당시 구매처는 워싱턴주에 있는 오프라인 쇼핑몰이었다. 여기에 배송대행지까지 운송을 위한 안전장치로 우편보험을 가입하여 $15를 지출했다. 그럼 구매자가 목록통관 기준금액에서 어떻게 관세를 지불해야 할지 알아보자. 신발가격 $150 + 워싱턴주 Sales Tax 6% + 미국 내 운임비용 $30 + 우편보험료 $15로 총합 $204가 들었다. 결국 이 구매자는 관세를 지불하게 되었다.

Sales Tax 계산법은 신발 가격 $150의 6%인 $9로 제품 구매 시 워싱턴주에 지불하게 되므로, 사실상 신발 구매 가격은 세후 $159인 셈이다. 한국에서는 제품 가격에 VAT(부가가치세)가 더해져 나오지만, 미국은 주마다 Sales Tax의 비율이 다르기 때문에 매번 계산을 해야 한다. 그럼 $159의 구매 비용에 운임비 $30, 우편보험료 $15를 더하여 총 $204가 나온다. 이는 한미 FTA 협약에서 정한 $200를 초과하므로 관세 13%와 부가세 10%를 추가로 내야 한다.

관부가세 계산기.

　이렇게 $204를 들여 한국에서 받을 경우, 물품가액은 약 28만 원이며 납부해야 할 관세 + 부가세는 약 68,000원이다. 결과적으로 35만 원 정도의 금액을 지불하게 되는 셈이다.

이번엔 중개업체인 스탁엑스를 통해 제품을 구매한 경우를 살펴보자.

79 스탁엑스 구매창.

80 스탁엑스 상세 구매창.

앞서 다루었던 에어포스 1 로우 린넨 모델의 300 사이즈를 예로 들어보자. 스탁엑스에서의 구매가는 $127이다. 신발 가격인 $127와 수수료 $8.45(중개업체 수수료. 보통 신발 구매가의 10~20% 내외로, 현재 스탁엑스에서는 15% 정도다), 배송료 $11.78로 총 $147 정도다. 스탁엑스는 미국 기업이므로 역시 $200 내 제품에는 따로 세금이 붙지 않는다. 차이점은 앞서 추가되었던 미국 내 배송비, 보험료, Sales Tax를 신경 쓰지 않아도 된다는 거다.

첫 번째 이유는 미국에서 한국으로 바로 배송해주는 시스템이라서다. (홍콩, 독일, 영국 등 스탁엑스의 지점별로 걸리는 시간에 차이가 나기도 한다. 물류센터가 지점마다 존재하기 때문이다. 한국도 최근 스탁엑스의 물류센터와 검수 센터가 들어왔다. 이는 관세 범위가 $150~$200로 정해지는 데 중요한 역할을 한다. 미국 내에서 발송되는 제품은 $200 미만 무관세가 적용되지만, 타 국가의 스탁엑스 제품이 오는 경우 $150 미만 무관세가 적용된다. 이 점은 **80** 과 같이 결제창이 떴을 때 상품 가격, 처리 수수료, 배송, 소계 등의 항목에서 세금 항목이 따로 나올 경우 쉽게 알 수 있다. 만약 내가 $160 제품을 구매했는데 **80** 과 같이 세금 항목이 없다면 미국 본토에서 출발하는 상품을 뜻하고, 반대로 **80** 과 다르게 세금 항목이 있다면 미국 외의 국가에서 출발한다는 뜻이다. 별것 아닌 팁처럼 보일 수 있으나 중개업체를 사용하는 입장에서는 꼼꼼하게 살펴봐야 할 항목이다.) 따라서 추가 비용이 발생하지 않는다. 미국에서 한국으로 배송할 경우 **77** 에서 알 수 있듯 목통관 전체 비용에 포함되지 않기 때문이다. VAT나 Sales Tax 역시 구매가에 이미 포함되어 있으므로, 따로 추가 비용은 발생하지 않는다.

결국 내가 지불하게 될 금액은 신발구매비용 $127(신발가격 + VAT 또는 Sales Tax) + 한국으로의 배송비 약 $12 + 중개업체 처리 수수료 $8.5이다. 중개업체의 처리 수수료에는 여러 가지 항목이 포함된다(스탁엑스는 새 제품만 거래하므로, 우선 새 제품인지 제대로 판별해주는 처리비용과 정가품 판별 비용, 그리고 문제가 생겼을 시 환불 또는 교환 등을 해주는 서비스까지).

스탁엑스에서 관세가 부과되지 않는 제품을 구매할 시, 상세 구매창에서 어느 국가에서 오는지 세금 부과 범위를 체크해야 한다. 이때 쓰이는 한 가지 항목이 바로 CCIC이다.

CCIC란 Customs Clearance Individual Code의 약자이며, 개인통관고유부호를 뜻한다. 개인이 해외에서 제품을 구매할 경우 꼭 필요하다.

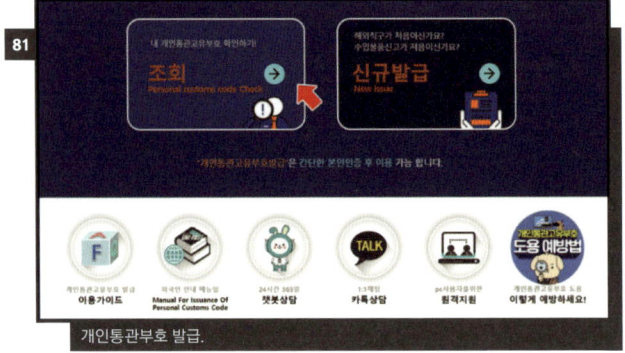

개인통관부호 발급.

관세청의 Unipass를 통해 개인통관고유부호를 발급 혹은 조회가 가능하며, 이 정보는 스탁엑스 거래 시 기본적으로 한 번은 기입해야 한다(80 의 CCIC 항목도 이를 뜻한다). 해외에서 신발을 구매할 경우, 배송대행지를 쓰든 직접 배송받든 CCIC는 필수다.

결론은 앞서 예로 든 상품을 스탁엑스에서 구매할 경우 총비용은 $127 + $12 + $8.5 = $147.5, 약 20만 원이다. 따로 관세나 부가세는 지불할 필요 없다.

스탁엑스 배송정보창.

또한 스탁엑스를 통해 미국에서 한국으로 배송 시 제품 무게, 배송출발지와의 거리, 배송방식(Express 혹은 일반배송)에 따라 배송비가 달라질 수 있다. 여기서 하나 알아둘 점은, 배송비가 터무니없이 비싸다면 미국 배대지를 이용하는 편이 더 저렴할 수 있다는 사실이다. 80 의 제품 배송비는 $12 정도다. 하지만 배송비가 $40~$50가 찍히는 경우가 있는데, 이때는 82 의 배송정보창에서 미국 내 배대지를 이용하면 비용을 아낄 수 있다. 이는 관세가 부과되는 제품이건, 부과되지 않는 제품이건 상관없이 동일하다.

왜냐하면 배송대행지까지의 배송비와 배송대행 이용비를 포함한 비용이 보통 $40~$50보다 적게 들기 때문이다. 조금 귀찮더라도 배송비는 꼼꼼히 체크하고 비교해 가며 구매하는 게 좋다.

엔드 클로딩 홈페이지.

마지막 예로 엔드 클로딩이라는 의류, 신발 판매사이트에서 구매한 경우를 살펴보자. 위 사진 속 에어조단의 가격은 $175이다. 홈페이지 주소가 .com이라고 미국에서 제품을 구매했다 생각하면 큰 오산이다($200 내외의 제품이니 세금 문제는 없을 거라고 말이다). 왜냐하면 이 홈페이지는 한국으로 직배송을 해주기 때문이다.

```
YOUR CART

        Air Jordan SPIZIKE LOW SE
        GJDN
        Varsity Maize, Pure Platinum &
        Black
        UK 10
        QTY   -  1  +              $175.00

   ┌─────────────────────────────────────────┐
   │ THIS ORDER QUALIFIES FOR FREE SHIPPING  │
   └─────────────────────────────────────────┘

Subtotal:                          $175.00
Import Duties                         Paid
Shipping:                            $0.00
Total:                             $175.00
```

엔드 클로딩 결제창.

 더군다나 무료배송 이벤트가 늘 있는 사이트라, 배송료를 아끼겠다는 욕심에 혹할 수 있다. 하지만 잘 살피면 이는 사실과 다르다.

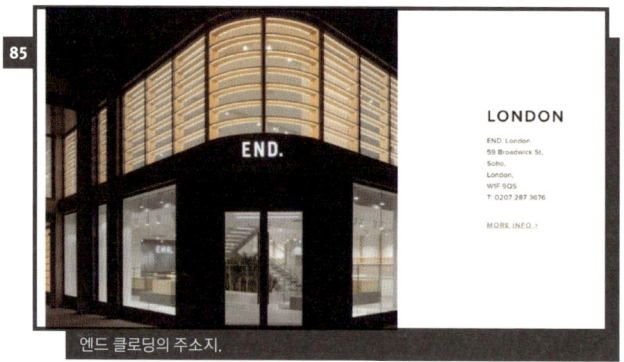

엔드 클로딩의 주소지.

　엔드 클로딩은 영국에서 시작된 리테일샵으로 나이키, 아디다스 등 유명 브랜드의 제품을 본사로부터 받아 판매하는 업체다. ABC 마트와 비슷한 개념이다. 여기서 중요 포인트는 이 업체가 영국에 거점을 두고 있다는 점이다. 미국을 제외한 다른 국가는 $150 이하만 관부가세가 면제되므로, 위 82 , 83 에서 보이는 신발 가격 $175이 무료배송된다고 해서 $175가 최종 금액이 아니라는 거다. $150를 초과한 가격이므로, 부가세와 관세가 추가로 58,000원 정도 발생한다.

　여기서 관세제도에 관한 꿀팁 2가지를 공개한다. 그 2가지를 요약하면 다음과 같다.

합산과세에 관한 관세청 자료.

1. 합산과세의 개념
2. 구매자가 반품할 때 취해야 할 자세

　해외 직구나 해외에서 물품을 구매해 본 사람이라면 종종 겪어봤을 거다. 별개의 과세단위를 서로 합하여 과세하는 것을 합산과세라 하여, 기존에는 제품이 같은 날 국내에 도착하면 물품 가격을 전부 합산해서 세금을 부과했다.

일례로 내가 8월 15일 미국에서 신발을 구매했고, 이어 8월 17일 영국에서 신발을 구매했다고 치자. 그런데 두 신발이 한국에 도착한 날이 8월 21일로 동일했다. 미국에서 구매한 신발은 관부가세 영향을 받지 않는 $140였고, 영국에서 구매한 신발도 관부가세 영향을 받지 않는 $120였다. 그런데 총금액이 $140 + 120$ = $260가 되어 내가 내야 할 세금은 $260의 관세 13% + 부가세 10%인 약 $64가 되어버린다. 정말 억울한 일이다. 분명 세금의 영향을 받지 않도록 제품을 구매했는데, 관세청에서 세금을 내라는 연락이 오니 머리가 아주 뜨거워진다.

그러나 입항 날짜가 같다고 합산과세를 먹이는 기존 제도는 이제 바뀌었다. 바뀐 제도를 예를 들어 설명해보겠다. 8월 15일 미국에서 $180에 신발을 하나 구매했다. 이어 8월 17일 중국에서 $110에 신발을 하나 구매했다. 마지막으로 8월 18일 일본에서 $130에 신발을 하나 구매했다. 그런데 이 세 제품이 한국에 도착한 날짜는 기가 막히게도 모두 8월 22일이다. 이럴 경우 관세와 부가세를 내야 할까?

결론은 아니다. 이제 구매 날짜가 다르면, 한국에 도착하는 날짜에 상관없이 다른 구매건수로 본다. 즉 세 제품은 각각 관부가세 납부 범위에 속하지 않으므로, 같은 날짜에 도착해도 무관세 구매에 해당한다. 이제는 합산과세를 두려워하지 않아도 된다.

또 하나의 팁은 다음과 같다. 관세와 부가세를 지불하고 제품을 구매했는데, 제품에 하자가 있거나 마음에 들지 않는 등의 이유로 제품을 반품하거나 환불받을 때의 팁이다. 해외구매는 이 절차가 길고 까다롭다. 그리고 대부분 관부가세를 지불한 것이 환불 가능하다는 사실을 모르고 넘어간다. 세금도 환불이 가능하다고? 정말 그렇다. 그 방법에 대해 알아보자.

유니패스 홈페이지.

우선 유니패스 홈페이지에 접속하여 전자신고 →
신고서작성 → 환급(관세법/환급특례법)을 클릭하자.

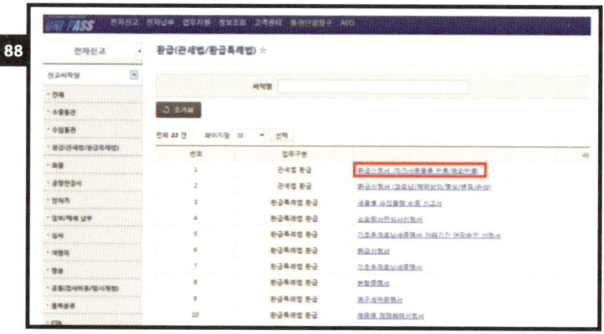

환급신청서(자가사용용품 반품/해외반출)가 나올
거다. 클릭하자.

여기서 처리 세관은 수입필증에 나와 있는 '세관-과'의 앞쪽 3자리 숫자를 넣으면 된다. 이 역시 유니패스에서 수입신고내역서를 조회할 수 있다.

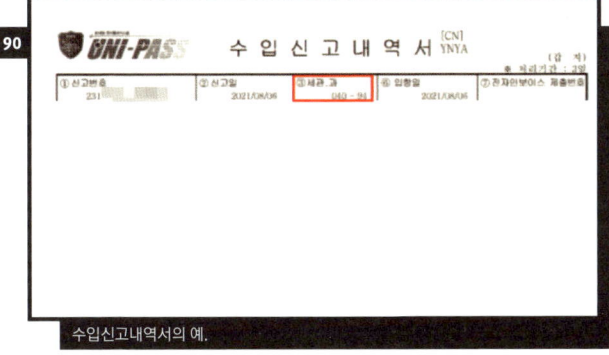

수입신고내역서의 예.

환급상세 버튼을 누르면 수입신고번호 입력창이 뜬다. 고지번호조회를 누르면 된다.

개인통관고유번호로 조회구분을 설정하고, 오른쪽에 있는 파란색 조회 버튼을 누르자. 그러면 아래에 수입신고번호, 수리일자, 고지번호 등의 내역이 뜰 거다. 파란색 숫자의 고지번호를 누르자.

그럼 기존에 납부했던 관세와 부가세가 나온다. 빨간색으로 표시한 환급신청액 항목에는 왼쪽 관세와 부가세과세과표에 해당되는 금액을 각각 동일하게 입력하면 된다. 사진과 같이 관세 37,530원과 부가세과세과표 326,280원을 입력하면, 자동으로 아래 환급신청액합계 70,150원이 뜬다. 그다음 오른쪽 맨 아래에 있는 '수출신고번호조회후 선택'을 클릭한다.

오른쪽 밑에 있는 수입신고규격내역조회 버튼을 클릭한다.

위와 같은 창이 뜰 거다. 빨간색 화살표가 가리키는 항목을 체크하고 확인 버튼을 누르자.

이어 환급신청 상세목록에서 빨간색 화살표가 가리키는 +추가 버튼을 누르자. 그다음 임시저장을 한다.

첫 번째 탭인 환급공통에서 증빙서류 자료들을 제출할 수 있다.

1. 수입신고필증
2. 통장사본
3. 환불영수증
4. 반품확인서류
5. 운송확인서류

총 5가지다. 보통 수입신고필증 혹은 수입신고내역서는 관세를 지불한 다음 개인 이메일로 첨부되어 온다. 양식은 다음과 같다.

수입신고내역서의 예.

통장 사본의 경우 본인이 사용하는 통장 사본을 준비하면 되는데, 인터넷 뱅킹에서 발급받거나 실물을 복사하면 된다. 계좌번호, 이름 등의 정보만 제대로 기재되어 있으면 된다. 환불영수증은 보통 자신이 사용하는 카드사에서 발급 가능하며 여기 반드시 들어가야 할 정보는 사용일자, 사용금액, 환불금액, 가맹점 (제품 구매처)이다. 확인서는 카드사 홈페이지나 어플로 발급받을 수 있고, ARS전화로도 가능하다. 나는 홈페이지나 어플로 발급받기를 추천한다.

반품확인서류는 보통 구매처에서 보내준 자료를 바탕으로 작성한다. 그리고 해외구매 시 이메일로 환불확인 메일이 오는데, 그 내용을 캡처하거나 인쇄해서 보관한다. 환불을 결심했다면 제품을 다시 해외로 보내는 과정에 이 자료를 준비해두면 시간을 절약할 수 있다.

마지막으로 운송확인서류는 제품을 환불받거나 반품할 때 사용한 택배사 내역을 제출하면 된다. 구매처에서 특정 택배사를 요구할 때도 있고, 내가 알아서 택배사를 지정해야 하는 경우도 있다. 이런 경우 안전한 반송을 위해 우체국 택배 아니면 페덱스 같은 택배사를 권장한다. 여기서 고려해야 할 점은 반품할 때의 택배 비용이다. 이는 택배사, 제품의 무게, 도착하는 국가에 따라 달라지므로 주의가 필요하다. 반품하고 나서 받는 우체국 국제특송 서류는 다음과 같다.

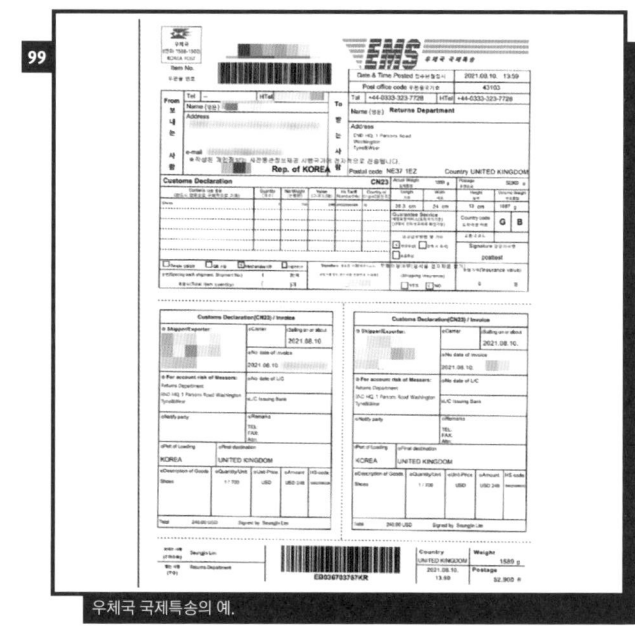

우체국 국제특송의 예.

관세에 관해 기억해 두어야 할 내용을 간단히 정리하면 다음과 같다.

1. 미국은 FTA로 인해 $200, 그 외 국가들은 $150까지 관부가세 면제 대상이다.
2. 관부가세 면제 기준은 제품 가격, 구매한 국가 내에서의 배송비, 보험료, VAT와 Sales Tax를 합산한 금액이다.
3. 구매처가 어느 국가에 속해있는지 체크하자.
4. 구매처의 국가나 지역이 달라도 동일한 사업자인지 체크하자.
5. 4번을 체크했다면, 제품이 한국에 들어오는 날짜가 겹치더라도 상관없으니 겁먹지 말자.
6. 제품을 환불, 반품하게 될 경우 내가 냈던 세금을 환급받을 수 있다는 사실을 잊지 말자.

이 뒤에 이야기할 Sales Tax, VAT에 대한 것도 관세와 밀접한 관계가 있다. 위 6가지 사항을 염두에 두고 넘어가기를 바란다.

해당 국가의 제품 구매 시 부과되는 세금

부가가치세(VAT)란 재화나 용역에 생성되는 부가가치(마진)에 부과되는 조세로, 간접세의 일종이다. 대한민국의 경우 최종 결제 금액의 10%를 자동납부하게 되어 있다. 소비자가 지불한 부가가치세는 사업자가 가지고 있다가, 소비자를 대신하여 국가에 납부하게 된다. 한국의 부가가치세는 세계 기준으로 낮은 편인데, OECD 국가 평균인 19.3%의 절반 수준이다.

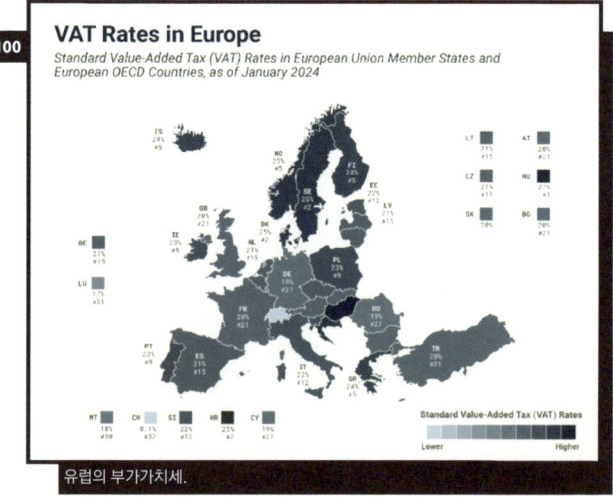

유럽의 부가가치세.

유럽은 부가가치세가 높은 편이며, 가장 높은 국가는 헝가리다. 그중 인기 있는 신발들의 발매가 이루어지는 영국과 독일의 세율을 알아두면 도움이 된다. 독일은 19%, 영국은 20%이다.

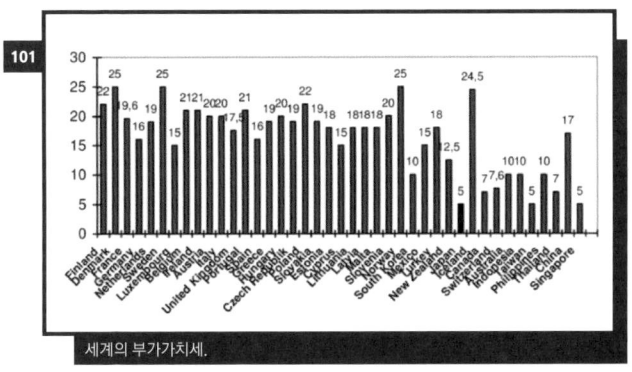

세계의 부가가치세.

또한 중국의 부가가치세는 17%이고, 일본은 작년에 바뀌어 현재 10%이다. 우리가 주로 거래하는 국가들의 부가세율은 기억해두는 편이 좋다.

국가	VAT 표준세율(%)
헝가리	27
크로아티아	25
폴란드	23
슬로베니아, 우루과이	22
라트비아, 리투아니아, 아르헨티나, 체코	21
러시아, 몰도바, 벨라루스, 불가리아, 세르비아, 슬로바키아, 에스토니아, 우크라이나	20
루마니아, 알제리, 칠레, 콜롬비아	19
아제르바이잔, 탄자니아, 터키, 페루, 필리핀	18
브라질, 이스라엘	17
멕시코, 잠비아, 케냐	16
남아프리카공화국, 방글라데시, 베네수엘라, 사우디아라비아, 에티오피아, 우즈베키스탄	15
짐바브웨	14.5
이집트	14
볼리비아	13
에콰도르, 카자흐스탄, 키르기스스탄	12
네팔, 말레이시아, 베트남, 아프가니스탄, 인도네시아, 파라과이, 바레인	10
이란	9
스리랑카	8
나이지리아	7.5
싱가포르, 태국	7
UAE, 오만	5

부가가치세를 시작한 신흥국.

102의 국가 중 브라질, 멕시코, 베트남도 기억해두는 편이 좋다. 이 세 국가도 나이키에서 글로벌 발매를 할 때 같이 발매해주는 국가에 속한다.

대한민국에 부가가치세의 정확한 의미나 이 돈이 빠져나가는 절차에 대해 완벽히 이해하는 사람은 적을 거 같다. 그래도 영수증에 적힌 'VAT 별도 10%'라는 문구는 익숙할 거다. 하지만 우리가 제대로 살펴야 하는 부분은 VAT와 비슷하면서도 다른 Sales Tax라는 개념이다.

왜냐하면 세계에서 가장 큰 시장인 미국이 사용하는 제도가 바로 Sales Tax이기 때문이다. 주식도 그렇지만 리셀 시장의 중심도 미국이다. 그런데 미국은 상당히 독특한 제도를 가지고 있다. 마치 자치정부처럼 주마다 내려지는 의사결정이나 법률 등이 모두 다르다는 거다. 그렇게 50개의 주가 하나의 동맹형태로 이루어진 국가가 미국인 셈이다.

미국 본토 지도와 각 주의 State Tax 현황.

위와 같이 주마다 각기 다른 법률 위에 존재하는 게 연방법으로, 미합중국 연방에서 정하는 법이 있다. 기본적으로 Sales Tax는 주마다 정할 수 있다. Sales Tax는 판매세로서 부가가치세와 비슷한 구조다. 다만 부가가치세는 대한민국 정부가, Sales Tax는 연방정부가 아닌 주 정부가 걷는다. 연방정부에서 일괄 관리하는 제도가 아닌 거다.

104

105

03
해외 플랫폼 맛보기

189

미국 본토의 판매세(랭크별).

104 , 105 에서 알 수 있듯 주마다 세금 구간이 다르다. 가장 세율이 높은 주는 테네시주로 9.55%인데, 한국에 비하면 그래도 저렴한 편이다. 가장 저렴한 주는 총 4곳으로 델라웨어, 몬타나, 뉴햄프셔, 오레곤 주다. 이 4개 주는 세율이 0%이다.

여기서 중요한 개념이 하나 등장한다. Sales Tax는 그 주에서 물건을 구매할 때 부과되는 세금인데, 2가지 경우가 있다. 하나는 내가 그 주에 살지 않지만 거기서 여행, 쇼핑을 할 경우로 그 주의 세율이 적용된다. 다른 하나는 그 주에 가지 않고 온라인구매를 할 경우인데, 그럼 세율은 어떻게 적용될까? 이때 등장하는 개념이 배송대행지다. 국내에서 해외직구를 하는 사람에게 현지의 배송주소를 제공하는 서비스로, 약자로 배대지라고 부른다.

이 배대지 서비스가 유행하게 된 첫 번째 이유는 미국 업체나 개인이 해외배송을 열어두지 않고 판매하는 경우가 많아서다. 미국 땅이 워낙 넓은 것도 있지만, 택배나 업무처리 시스템이 글로벌하게 적용되지 못한 것도 크다. 이는 배송 서비스를 책임져 주는 아마존이 현재까지 무서운 성장세를 보이는 이유기도 하다. 두 번째 이유는 온라인구매 시 어느 지역에서 제품을 구매했는지, 어느 지역에서 제품이 출발했는지에 따라 판매세 적용이 달라져서다. 온라인으로 제품을 구매하면 내가 지정하는 지역에 따라 판매세가 달라진다 (한국으로 직배송이 가능한 업체인 경우 세금 관련 금액은 보통 고시가 되어있어, 쉽게 계산 가능하다). 우리가 이용할 Sales Tax의 허점은 배대지를 이용하여 세금을 내지 않고 제품을 구매하는 방법이다. 미국은 최종 구매지역에 따라 세금이 부과된다. 예를 들면 다음과 같다.

나는 미국 플로리다주 마이애미에 산다. 가족들과 함께할 시간이 생겨 시카고에 여행을 갔고, 농구 경기를 관람한 후 근처 가게에서 조던 신발을 $200에 구매했다. 이때 내가 내게 되는 세금은 얼마일까?

정답은 다음과 같다. 시카고가 속한 일리노이주의 Sales Tax는 10.25%이므로 $20.5를 세금으로 내야 한다. 위 사진과 세율이 조금 다른 이유는 Sales Tax와 로컬 택스(지역세)를 포함한 가격이 최종 Sales Tax로 정해지기 때문이다. $200짜리 신발을 최종적으로 $220.5에 구매하게 되는 거다.

또 다른 예를 들어보겠다. 나는 오레곤주에 산다. 그런데 시카고 매장에서 조던 신발을 온라인으로 주문하여 $200에 구매했다. 이때 내가 내게 되는 세금은 얼마일까?

정답은 0원이다. 오레곤주의 판매세가 0%이기 때문이다. 온라인 구매 시 내가 제품을 구매한 곳의 주 정부가 아니라, 내가 살고 있는 주 정부에서 세금을 부과한다.

여기서 기억해야 할 사항은 다음과 같다. 세율이 0%인 주(델라웨어, 몬타나, 뉴햄프셔, 오레곤) 그리고 조건부면세가 되는 주(뉴저지)까지 총 5개 주다. 배송대행지를 이 5개 주 중에 한 곳으로 지정하면 미국 내 세금은 0원이다. 그리고 무관세에 해당하는 미국 내 구매금액은 $200 이하로, 그 금액의 기준은 물품 가격 + 발송국가 내 세금 + 발송국가 내 운임 및 보험료다. 이때 눈여겨봐야 할 항목은 발송국가 내 세금이다. 내가 배송대행지를 세율이 0%인 주로 잡으면, $200 이하로 구매하고 싶을 때 걱정할 건 발송국가 내 운임 밖에 없는 셈이다.

만약 $150짜리 신발을 구매해서 배송대행지를 뉴저지주로 잡는다면? 배송비는 $20이다. 그럼 총금액은 구매가격 $150 + 배송비 $20로 총 $170가 되므로 무관세 혜택을 받는다. 이때 배송대행지를 캘리포니아주로 잡는다면 구매가격의 7.5%인 $11.25를 Sales Tax로 내야 한다. 여기에 배송대행지 비용이 $20라면 한국에서 구매 시 총금액은 뉴저지주의 경우 $150 + $20 + $20 = $190, 캘리포니아주의 경우 $150 + $20 + $20 + $11.25 = $201.25이다. 총금액에서 약 5.5%의 차이가 생긴다.

이렇게 배송대행지를 적절히 활용하면 전체 비용을 크게 줄일 수 있는 요소가 된다. 대략 5~10%의 비용 절감 효과인데, 이는 남들보다 훨씬 유리한 위치에서 구매를 하게 된다는 이야기다.

그렇다면 세율이 0%인 5개 주 중에서는 어느 지역을 배대지로 사용해야 할까?

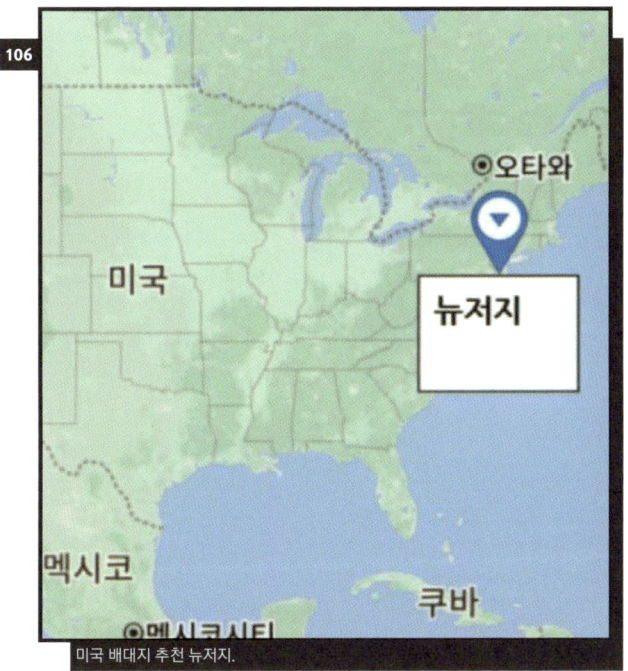

미국 배대지 추천 뉴저지.

뉴저지는 신발, 의류, 의약품, 건강기능식품 품목에 Sales Tax가 부과되지 않는다. 그리고 장점은 미국 배대지 중에 비교적 배송이 빠른 편이다. 항공편이 많아, 빠른 배대지 이용을 원할 시 많이들 선택하는 곳이다(세금이 부과되지 않는 항목에 한해서).

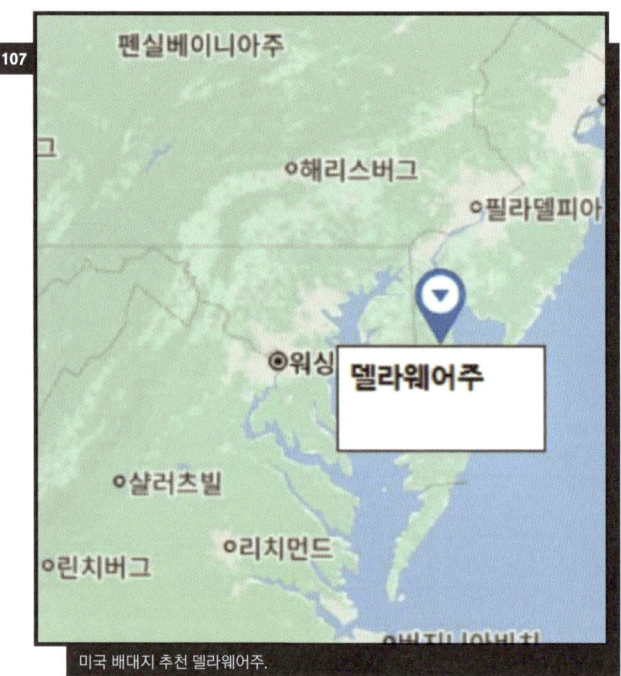

미국 배대지 추천 델라웨어주.

델라웨어주는 모든 상품에 Sales Tax가 붙지 않는다. 델라웨어주에서 한국으로 오는 제품의 경우, 뉴저지로 이동 후 항공 배송으로 한국에 오기 때문에 뉴저지보다 하루 이틀 정도 늦게 도착하는 거 같다.

미국 배대지 추천 오레곤주.

　　오레곤주도 Sales Tax가 붙지 않는 곳이다. 다만 한국으로 오는 항공기가 매일 있는 게 아니므로 앞의 2곳보다 시간이 더 걸릴 수 있다. 다만 제품 무게가 15LB 이하인 경우 부피에 관한 배송료가 면제되므로, 신발을 구매하는 사람 입장에서는 배송대행료가 적게 드는 장점이 있다.

　　나머지 몬타나와 뉴햄프셔 주의 경우 위 3개 주보다 사용빈도가 떨어지는 편이다. 배대지 업체 수가 적어서다.

싼 배대지라고 해서 무조건 좋은 배대지는 아니다. 정말 중요한 건 신발이 파손 없이 온전히 도착하느냐다(정말 저렴한 배대지는 $8 정도로 드는 곳도 있다). 리뷰를 통해 제품을 사건 사고 없이 잘 받을 수 있는지 정도는 체크할 필요가 있다.

유럽이나 중국, 일본에서 배대지를 이용하는 건 업체가 국제배송을 해주지 않거나 업체의 배송비가 배대지 비용보다 터무니없게 비쌀 때다. Sales Tax에 관해 기억해 두어야 할 내용을 간단히 정리해보자.

1. 미국에는 Sales Tax(판매세)가 존재하고 VAT와 비슷하면서 다르다.

2. 주마다 판매세가 다른데 뉴저지, 몬타나, 오레곤, 델라웨어, 뉴햄프셔 5개 주는 기억하자. 전부 신발에 관한 판매세가 0%이다.

3. 5개 주에 위치한 배송대행지를 이용하여 제품을 구매할 때 관세 여부와 상관없이 5~10% 이상 비용을 절감할 수 있다.

국가별
수요와 공급

국가마다 문화가 다르듯이 선호하는 신발도 다르다. 미국의 경우 전 세계 인종이 모여 사는 멜팅 팟(melting pot) 현상이 두드러진 국가다. 멜팅 팟이란 다양한 문화를 가진 사람들이 섞여 동질적인 하나의 문화를 만들어가는 것을 의미한다.

Total	328,016,242	100.0%
백인	197,132,096	60.1%
히스패닉	61,755,289	18.8%
흑인	39,980,733	12.2%
아시안	17,711,305	5.4%
인도인	2,160,496	0.7%
하와이안	540,532	0.2%
기타	8,735,791	2.7%

미국의 인종 분포도.

여기서 재미있는 점은 미국을 구성하는 인종의 비율이다. 당연히 백인이 60.1%로 가장 높고, 그다음이 히스패닉 18.8%, 흑인 12.2% 순이다.

State	주	Total	백인	히스패닉	흑인	아시안	인도인	하와이안	기타
California	캘리포니아	39,283,496	14,605,312	15,327,688	2,169,155	5,610,931	140,831	140,738	1,288,792
Texas	텍사스	28,260,856	11,856,436	11,116,881	3,328,707	1,340,554	71,081	21,739	525,558
Florida	플로리다	20,901,636	11,266,347	5,346,684	3,202,687	559,988	41,989	10,389	473,552
New York	뉴욕	19,572,320	10,883,812	3,720,983	2,790,504	1,633,539	46,034	5,689	491,758
Pennsylvania	펜실베니아	12,791,550	9,777,163	935,216	1,363,043	433,115	14,485	2,616	265,894
Illinois	일리노이	12,770,637	7,829,850	2,186,387	1,783,708	692,370	15,108	2,908	260,300
Ohio	오하이오	11,655,397	9,197,115	443,415	1,425,887	256,584	16,946	3,143	312,257
Georgia	조지아	10,403,847	5,485,895	992,394	3,244,348	410,705	19,382	5,164	245,991
North Carolina	노스캐롤라이나	10,264,876	6,474,688	962,665	2,165,301	290,525	112,504	2,569	253,553
Michigan	미시간	9,985,265	7,477,400	507,353	1,358,034	310,420	45,569	2,649	263,840

State	주	Total	백인	히스패닉	흑인	아시안	인도인	하와이안	기타
New Jersey	뉴저지	8,878,503	4,916,380	1,794,736	1,125,541	834,073	9,813	2,286	195,674
Virginia	버지니아	8,454,463	5,227,569	792,001	1,508,726	536,076	18,092	5,146	286,853
Washington	워싱턴	7,404,107	5,073,945	937,579	270,704	625,682	79,694	47,532	368,971
Arizona	아리조나	7,050,299	3,857,007	2,208,663	297,107	226,597	276,396	12,878	171,651
Massachusetts	매사추세츠	6,850,553	4,903,539	809,179	473,181	449,793	9,667	2,210	202,984
Tennessee	테네시	6,709,356	4,951,558	364,174	1,114,086	116,563	15,553	3,387	144,053
Indiana	인디애나	6,665,703	5,271,071	461,850	616,545	150,840	12,348	1,981	151,048
Missouri	미주리	6,104,910	4,849,901	254,791	696,379	113,481	23,632	7,376	153,350
Maryland	메릴랜드	6,018,848	3,062,163	606,482	1,768,596	371,951	12,002	2,294	191,160
Wisconsin	위스콘신	5,790,716	4,705,599	394,392	364,060	160,706	46,934	2,107	116,916

State	주	Total	백인	히스패닉	흑인	아시안	인도인	하와이안	기타
Colorado	콜로라도	5,610,349	3,818,321	1,208,172	221,526	174,660	30,393	7,618	149,659
Minnesota	미네소타	5,563,378	4,442,126	299,536	349,808	266,436	52,405	1,916	151,095
South Carolina	사우스캐롤라이나	5,020,806	3,196,421	285,458	1,333,876	78,102	14,748	3,784	108,417
Alabama	알라바마	4,876,250	3,194,929	208,224	1,291,524	65,410	22,740	1,603	91,418
Louisiana	루이지애나	4,664,362	2,735,887	239,164	1,492,386	80,014	23,892	1,088	91,931
Kentucky	켄터키	4,449,052	3,781,695	162,994	353,197	64,764	8,356	2,667	94,619
Oregon	오레곤	4,129,803	3,125,842	537,217	75,232	178,412	38,450	15,785	159,265
Oklahoma	오클라호마	3,932,870	2,581,231	417,906	280,944	84,020	285,402	5,629	277,738
Connecticut	코네티컷	3,575,074	2,392,011	574,240	354,120	159,989	5,596	754	88,362
Puerto Rico	푸에르토리코	1,318,447	31,723	3,275,919	4,179	2,351	118	21	5,136

미국 주별 인구 분포도 1.

State	주	Total	백인	히스패닉	흑인	아시안	인도인	하와이안	기타
Iowa	아이오와	3,139,508	2,690,052	188,311	113,560	75,326	9,251	1,359	59,649
Utah	유타	3,096,848	2,425,647	434,832	34,571	71,000	28,515	26,961	75,322
Arkansas	알칸사스	2,999,370	2,172,453	224,130	456,899	44,927	17,652	8,614	74,695
Mississippi	미시시피	2,984,418	1,689,927	91,202	1,121,516	29,466	13,341	675	38,351
Nevada	네바다	2,972,382	1,463,237	853,041	259,802	237,588	27,070	18,162	113,482
Kansas	캔자스	2,910,652	2,208,576	345,680	164,509	84,850	19,236	1,939	85,862
New Mexico	뉴멕시코	2,092,454	782,269	1,020,817	37,911	30,141	182,874	1,189	37,053
Nebraska	네브라스카	1,914,571	1,512,111	208,271	89,872	45,303	14,417	1,107	43,490
West Virginia	웨스트버지니아	1,817,305	1,671,546	28,368	65,848	14,319	5,593	404	33,227
Idaho	아이다호	1,717,750	1,407,883	215,476	11,316	23,061	19,027	2,341	38,646

State	주	Total	백인	히스패닉	흑인	아시안	인도인	하와이안	기타
Hawaii	하와이	1,422,094	312,722	149,118	24,337	524,609	2,241	133,710	275,917
New Hampshire	뉴햄프셔	1,348,124	1,214,927	50,493	18,335	35,971	1,836	348	26,234
Maine	메인	1,335,492	1,244,531	22,100	17,368	14,946	8,017	353	28,177
Rhode Island	로드아일랜드	1,057,231	761,432	163,226	60,415	35,401	3,402	661	32,694
Montana	몬태나	1,050,649	904,550	40,314	4,666	8,098	63,738	776	28,507
Delaware	델라웨어	957,248	596,497	88,364	207,402	36,856	2,825	330	25,174
South Dakota	사우스다코타	870,638	713,546	33,024	17,191	12,511	73,396	451	20,519
North Dakota	노스다코타	756,717	638,985	28,317	21,577	10,876	38,482	863	17,617
Alaska	알래스카	737,068	446,897	51,870	22,857	44,917	106,271	9,013	55,243
District of Columbia	콜롬비아	692,683	253,373	76,191	314,734	27,188	1,418	307	19,432
Vermont	버몬트	624,313	579,340	12,038	7,901	10,393	1,807	296	12,538
Wyoming	와이오밍	581,024	488,437	57,341	5,193	4,907	12,547	460	12,139

미국 주별 인구 분포도 2.

주별 인구 분포도에서 한 가지 사실을 알 수 있다. 부유한 주는 대개 백인의 비율과 타 인종의 비율이 비슷하다는 거다. 그리고 미국의 문화를 이끌어 가는 대표 주자들 역시 대부분 이 부유한 주에 속한 사람들이다. 시골로 내려갈수록 하입비스트의 비율 역시 적다. 즉 백인들이 선호하는 문화보다 나머지 인종들이 선호하는 문화에 힘이 실린다는 이야기다. 이는 신발 시장도 마찬가지다.

이 바닥의 우스갯소리 중 하나는, 흑형들이 환장하는 신발은 무조건 돈이 된다! 라는 거다. 그리고 이 흑형들이 환장하는 나이키 신발 몇 가지가 있다. 모델명은 다음과 같다.

1. 나이키 에어조던
2. 나이키 에어포스

총 2가지이지만, 세분화해서 보면 에어조던 중에서도 흑인들이 특히 집착하는 모델이 몇 가지 있다.

112

나이키 에어조던 3.

113

나이키 에어조던 5.

114

나이키 에어조던 11.

바로 에어조던 3, 4, 11이다. 왜 이 모델들에 대한 집착이 심할까? 바로 마이클 조던 때문이다. 조던 3, 4, 6, 11을 신고 우승을 차지했던 강렬한 인상이 모두에게 남아있는 거다. 여기서 이해해야 할 흑인 문화가 Hustler와 Street 문화다. 눈에 띄는 신발이나 악세사리에 집착하는, 내가 얼마나 능력이 있고 잘 나가는 사람인지 알리고 싶어하는 문화다. Bragging이라고도 표현하는데 자랑질한다는 뜻이다. 히스패닉 역시 흑인과 많이 섞이는 인종이므로 비슷한 문화를 가졌다.

나이키 에어조던 6.

나이키 에어포스 1.

에어포스 역시 이러한 흑인 문화에서 중요한 위치를 가진 신발인데, 무엇보다 나이키 창립 이래 가장 많이 팔린 신발이다. 나이키가 지금의 자리에 있게 해준 효자 모델로, 조던과 함께 쌍두마차라고 볼 수 있다. 그런데 이 에어포스, 특히 흰색 에어포스의 의미는 흑인들에게 특별하다.

흰색 에어포스는 깔끔함과 멋짐의 상징이었고, 래퍼로 성공한 흑인들이 앞서 말한 Bragging 하는 방식의 하나로 자리 잡는다. 아주 깔끔한 새 신발인 에어포스 1을 한번 신고 버린다는 의미, 그게 바로 Once and Done이다. $100짜리 신발을 한 번 정도 신고 버려도 될 정도로 나는 부유하게 성공했고, 또 나는 깨끗하고 깔끔한 신발이 아니면 신지 않는다는 거다.

모든 흑인이 이런 문화를 가진 건 아니다. 한국도 지역마다 문화가 다른 것처럼, 미국도 마찬가지다. 신발도 그렇다. 하지만 주류가 따르는 문화는 돈이 된다는 사실 또한 부정할 수 없다.

나이키 에어맥스 95.

 그럼 일본의 문화는 어떠한가? 오타쿠 문화가 오래 전부터 있어 온 국가다. 이는 신발에도 예외 없이 적용된다. 나이키가 붐을 일으키던 시절 일본에서 인기였던 모델은 새로운 테크놀로지를 접목한 에어맥스였다. 그중에서도 단연 최고였던 신발은 에어맥스 95였다. 힙합, 농구, 조던으로 인해 에어조던, 에어포스의 인기가 한국에서 시작되었다면, 에어맥스와 덩크의 인기는 일본에서 시작되어 한국으로 넘어왔다. 일본은 전 세계에서 미국 다음으로 스니커콘(Sneaker Con)을 많이 주최하며, 입장객 수 역시 미국 다음으로 압도적이다.

조던 1 Chinese New Year.

그럼 중국의 문화는 어떨까? 우선 기본적으로 농구가 인기가 많다. 한국에서 스포츠 하면 축구나 야구를 떠올리듯, 중국에서는 농구가 그렇다. 아시아인 선수 중 유일하게 NBA에서 명예의 전당(Hall of Fame)에 들어간 야오밍(Yao Ming)도 있다. 이런 사실 때문인지 나이키 제품 생산국 중 가장 높은 비중을 차지하며, 압도적인 생산량을 자랑하는 곳이 중국이다.

재미있는 점은 1985년 에어조던 1이 발매되었을 시 제조 공장이 대한민국이었다는 거다. 그 유명한 "최고의 품질을!"이라는 문구도 이때 나왔다.

"최고의 품질을!" 조던 1 범고래 한국생산판.

당시 부산, 경남 등지의 신발공장에서 첫 조던을 생산하였는데, 80~90년대에는 한국도 이렇게 생산을 기반으로 하는 산업이 많았으나, 시간이 지나면서 인건비 상승으로 인해 대부분 중국으로 넘어가게 된다.

아무튼 이렇게 떼려야 뗄 수 없는 관계가 시작되면서, 나이키는 중국이라는 나라의 문화에 대해 분석하기 시작한다. 그리고 중국인이 중요하게 생각하는 몇 가지 요소를 도입한다. 중국인은 빨간색, 황금색(노란색)을 좋아하고 12지신을 믿는 문화가 있는데, 조던 브랜드가 중국인을 위해 매년 차이니즈 이어(Chinese Year)라는 테마로 12지신의 컬러웨이나 형태, 디테일을 넣은 신발을 발매하기로 한 거다. 이 신발들은 중국에서만 발매하며, 그 외 국가에서는 아주 가끔 극소량으로 동시 발매가 이루어진다. 빨간색, 황금색, 12지신 등 중국인이 좋아할 요소들을 접목해서 판매하는 전략은 꽤 오랜 기간 먹혔다. **118** 역시 중국인이 좋아할 법한 디테일을 넣어 발매한 조던 1 로우다. 무병장수를 의미하는 숫자, 색, 그리고 신발에 담긴 스토리에 집착하는 문화가 바로 중국문화다. 게다가 조던의 홈팀인 시카고의 팀 컬러, 에어조던의 대표적인 모델인 조던1 역시 흰빨검 조합이다. 이는 중국인이 좋아하는 색이기도 하다.

조던 1 로우 용의 해.

120 역시 조던 1 로우로 발매된 모델인데, 12지신 중 용의 해를 기념하여 만든 모델이다. 사진에서 키링처럼 달린 건 용의 보주를 상징하며, 스우시의 금색과 비늘 무늬 역시 그 디테일을 살리고 있다.

이렇게 나라마다 선호하는 모델은 조금씩 달라지기 마련이고, 그에 따라 수요도 달라진다. 우리가 주목해야 할 부분은 이 수요와 공급에 따라 가격이 어떻게 정해지느냐다.

예를 하나 들어보자. 흑형들이 환장하는 신발은 조던 1, 3, 4, 6, 11이다. 그리고 히스패닉에게도 비슷한 경향이 있다고 언급했다.

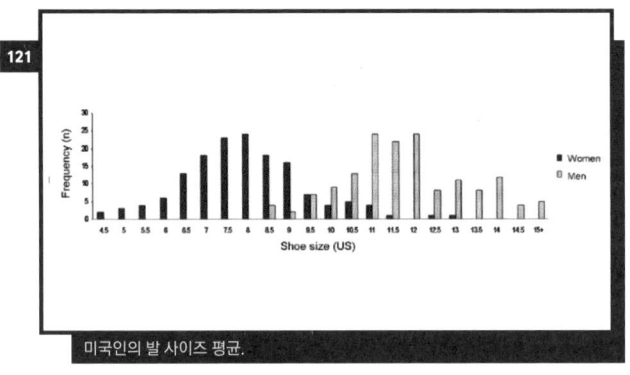

미국인의 발 사이즈 평균.

위 사진처럼 미국인 남성 발 사이즈 평균은 11~12 US이다. 한국이면 290~300 사이즈다. 이 사이즈가 65%~70% 이상을 차지하므로, 한국에서 말하는 황금사이즈가 미국에서는 290~300 사이즈인 거다. 그럼 조던 1, 3, 4, 6, 11 모델이, 또 그중에서도 290~300 사이즈가 가장 수요가 많을 거라고 예측할 수 있다. 또한 흑인들이 좋아하는 마이클 조던의 상징 흰빨검 조합, 조던이 시카고 불스에 있던 당시 신었던 OG 신발들이 수요가 많을 거라는 예측도 가능하다. 이런 식으로 국가나 문화에 따라 프리미엄이 붙는 신발들을 빠르게 파악하는 것이 특히 해외거래 시 주목해야 할 덕목이다. 국가별 수요와 공급에 관해 지금까지 한 이야기를 요약하자면 다음과 같다.

1. 국가별 수요는 그 나라 문화에 의해 결정된다.
2. 문화적인 요소가 신발 가격과 직결된다.

위 요소들에서 얻을 수 있는 노하우

———

여기서는 새로운 노하우보다는 지금까지의 내용을 간결하게 정리하겠다.

1. 현재 환율을 살펴서 내가 사려는 신발의 가격을 비교해보고
2. 무관세 제품인지, 혹은 관세를 지불해야 하는 제품이라면 총 23% 정도의 추가 금액이 발생한다는 사실을 인지하고
3. 해외거래 시 제품 가격 + 그 나라 내에서의 세금 + 그 나라 내에서의 배송비 = 한국에서의 총 구매 비용으로 미국 $200 이하, 그 외 국가 $150 이하가 무관세 기준임을 인지하고
4. 국가별 수요와 공급을 파악하여, 어디서 제품을 구매하고 어디에 팔아야 이득인지 따져보는 습관을 들이자.

04 나만의 철칙

제너럴 릴리스와
콜라보

 마지막으로 리셀에 관한 나만의 철칙을 공유하려 한다. 일종의 투자 원칙이 되겠다. 리셀에서 가장 중요한 것은 결국 얼마나 수익을 낼 수 있는가이다. 수익을 극대화하기 위해서 먼저 단기 투자를 할 것인지, 장기 투자를 할 것인지 정해야 하는데 그 전에 제너럴 릴리스(general release)와 콜라보(collabo)라는 개념을 알아야 한다. 제너럴 릴리스는 일반발매, 콜라보는 타 브랜드와 협업한 제품을 뜻한다.

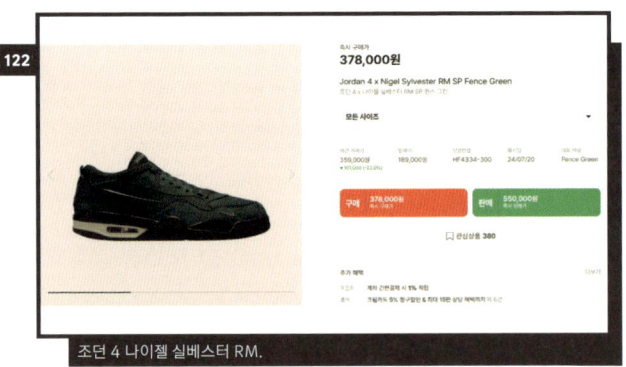
조던 4 나이젤 실베스터 RM.

122 는 조던 4 나이젤 실베스터 RM으로 나이젤 실베스터라는 BMX 운동 선수와 조던 브랜드의 콜라보 모델이다. 제너럴 릴리스가 아닌 콜라보 모델인데, 통상 콜라보 모델은 소량발매(전 세계 기준 15,000~200,000켤레 내외)가 기본이다. 수요와 공급의 법칙에 따라 수량이 적을수록 리셀가는 높아진다. 위 모델은 발매가 189,000원이었으나 현재 리셀가는 450,000원 선이다(글로벌 기준).

나이키 에어포스 1 로우.

123 은 나이키 에어포스 1 로우 화이트다. 나이키의 효자 모델이자, 아주 작은 디테일을 제외하고는 동일하게 꾸준히 찍어내는 제너럴 릴리스 모델 중 하나다.

발매 주기는 모델마다 다르지만 빠르면 1년, 늦어도 3~4년 내에는 동일한 모델을 재출시한다. 이렇게 같은 색이나 모양이 아니더라도 일반발매하는 모델을 제너럴 릴리스라 부른다. 이들 모델은 발매 주기도 보통 짧고, 희소성이 낮기 때문에 리셀가가 그리 붙지 않는 편이다. 다만 포스 1 로우 화이트 같은 경우 국민 신발이자 전 세계에서 사랑을 받고 있기 때문에 발매가 139,000원에 현재 리셀가도 비슷하다. 최근 2~3년간 발매가가 2만 원 정도 올랐지만, 리셀가도 밀리지 않은 셈이다. 특정 사이즈는 아직도 발매가 이상의 리셀가를 자랑한다.

제너럴 릴리스와 콜라보 모델의 가장 큰 차이는 단발성으로 제품을 발매하느냐, 아니면 꾸준히 발매하느냐. 모든 콜라보 모델이 좋은 가격을 형성하는 건 아니다. 콜라보 모델이 발매가보다 리셀가가 높게 형성될 확률이 높긴 하지만, 발매가 근처에 리셀가가 머무는 모델도 제법 많다.

나이키 덩크 로우 언디핏 5 on it.

위 사진처럼 언디핏이라는 스트리트 브랜드와 나이키가 콜라보한 덩크 로우의 경우 발매가 139,000원에 현재 리셀가 170,000원 내외이므로 가격 상승이 큰 건 아니다. 2021년 발매임을 감안하면 소폭 상승한 셈이다. 이처럼 모델의 색상이 난해하거나 사람들이 선호하는 디자인이 아니면 리셀이 붙지 않을 수 있다.

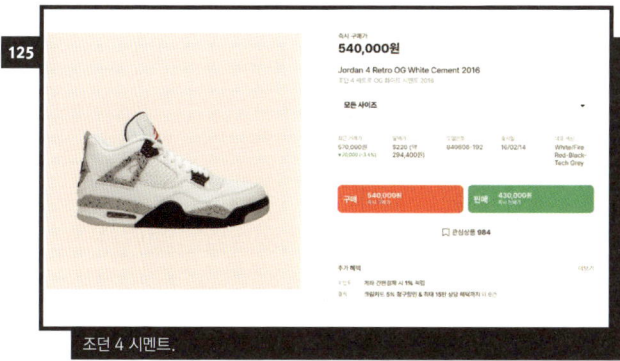

조던 4 시멘트.

위 사진의 조던 4 시멘트(2016년 발매)는 조던 브랜드에서 꾸준히 재발매하는 제너럴 릴리스 모델 중 하나다. 발매가는 219,000원에 현재 리셀가는 650,000원 선이다(모든 거래 기준은 글로벌 기준이다. 크림이나 솔드아웃 기준이 아니므로 주의할 것). 이 신발처럼 상징성(조던이 선수 시절 신고 뛰었던 OG 라인 중 하나다)이 있거나 대중적으로 인기 있는 색상은 제너럴 릴리스 모델도 리셀가가 제법 붙는다. 이렇게 콜라보 모델과 제너럴 릴리스 모델의 개념을 알고, 초보 리셀러는 콜라보 모델에 조금 더 힘을 주어 연습한다면 실패확률을 낮출 수 있다.

단기 투자와 장기 투자

결국 콜라보 모델 혹은 제너럴 릴리스 모델을 얼마나 자주 발매해주느냐가 단기 투자인지 아니면 장기 투자인지를 결정한다.

위에 예로 든 조던 4 시멘트는 1989년 출시 이후 1999년, 2012년, 2016년에 한 번씩 재발매되었고 그 뒤로 재발매된 적이 없다. 조던 4 같은 경우 보통 4~6년 주기로 재발매를 하는데, 이 모델만 8년째 재발매를 하지 않고 있다. 이렇게 수요는 높은데 공급이 낮으면 리셀가는 하늘을 찌르기 마련이다. (그런데 나이키 신발은 발매 후 10년 정도 시간이 지나면 앞서 말했듯 제품 자체에 결함이 생긴다. 습도, 온도, 햇빛 차단이 필요하다. 이는 새 상품의 경우이고, 중고 제품의 경우 이야기가 달라진다. 실착을 한 번씩 하면 신발의 수명이 늘어나는데, 이는 나이키 신발의 제작공정 때문이다. 신발의 밑창과 본품을 부착하는 데 쓰이는 접착제의 특성으로, 오히려 신발을 종종 신어줬을 때 접착이 더 잘 유지되는 거다.)

또한 10년 정도 시간이 지난 모델이 사람들의 기대와 달리 재발매되지 않는 경우도 리셀가는 자연히 우상향하게 된다. 꾸준히 재발매를 해주는 제품도 유행을 타거나 재발매 수량에 따라 리셀가가 붙을 수 있다. 앞서 예로 든 에어포스 1 화이트의 경우가 그러한데, 코로나 시기에 발매가 2배 정도의 리셀가를 형성했다.

콜라보 모델은 나이키나 조던 브랜드가 그 브랜드와 얼마나 자주 콜라보를 내느냐, 그리고 발매 수량에 따라 승패가 갈린다.

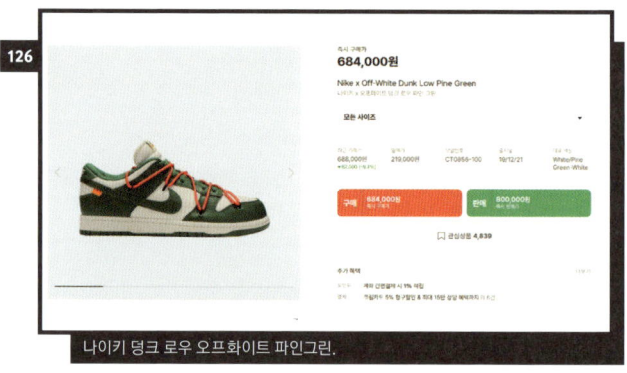

나이키 덩크 로우 오프화이트 파인그린.

위 사진은 덩크 로우와 오프화이트의 콜라보 모델로 나온 파인그린이다. 버질 아블로 생전에 나왔던 모델로, 2019년 219,000원에 발매되었으며 현재 리셀가는 100만 원 선이다. 하지만 버질 아블로 사망 이후 더 이상 오프화이트 콜라보가 발매되지 않는 상황이고, 이 모델의 가격은 계속 오르고 있다. 이렇게 콜라보 모델들의 핵심은 희소성에 있다. 마찬가지로 버질이 사망하지 않았어도, 만약 비슷한 유의 제품을 재발매하지 않는다면 리셀가는 유지가 된다는 거다.

다음은 위 사실을 기반으로 해당 모델의 거래량을 파악해야 한다. 가장 좋은 방법은 스탁엑스, 크림 같은 중개업체의 신발 판매 내역을 살피는 거다. 여기서 장기 투자, 단기 투자의 개념이 생겨나는데, 콜라보 모델의 경우 발매 직후 인기가 있을 때는 거래량이 많지만 시간이 지나면서 자연히 줄어든다. 저점에 구매했어도 판매하기까지 시간이 걸리면 그 돈은 묶이는 꼴이다. 수익전환 시기를 고려하고 거기에 맞는 투자를 해야 한다는 이야기다. 따라서 콜라보 모델이라고 무조건 좋은 게 아니고, 제너럴 릴리스라고 가치가 떨어지는 것도 아니다.

나만의 철칙 총정리

- ✓ **1** 콜라보, 제너럴 릴리스 모델 중 어느 쪽에 투자할 것인지 정하고
- ✓ **2** 1을 기반으로 해당 모델이나 콜라보의 발매 주기를 파악하고
- ✓ **3** 2를 기반으로 단기 투자와 장기 투자 중 어느 쪽인지 정해서 제품 구매를 하자.

에필로그

지금까지가 신발이 돈이 되는가? 라는 주위 사람들의 질문에서 출발한 나의 대답이었다. 사실 더 하고 싶은 말이 많지만, 이만 줄여야 할 거 같다. 굵직한 이야기들만 정리하면 다음과 같다.

1. 나이키, 그리고 조던이라는 브랜드를 이해하자.
2. 나에게 무기가 될, 사용하는 플랫폼에 대해 파악하자.
3. 투자한 신발의 관리 보관 방법을 알자.
4. 국내외 시장 거래의 장단점을 파악하자.
5. 자신만의 기준을 세우고, 그 철칙을 지키자.

나는 이런 기본기들을 충분히 익혀야 한다고 당부하고 싶다. 여기에 한 가지 더 필요한 게 있다면, 바로 도전 정신이다. 작은 용기와 실천으로 시작되는 것을 나는 도전이라고 본다. 그리고 도전하는 자만이 성공도 맛볼 수 있다. 용기를 가지고 실천하여 본인이 원하는 걸 얻어냈으면 좋겠다.

나이키 리셀의 정석

저자: 이재진

펴낸이: 이제야, 이미현

기획: 유정융

편집: 이준혁

디자인: 유다명, 정여원

마케팅: 대니

주소: 서울시 마포구 성산동 200-341, 402호

전자우편: properbook@naver.com

ISBN 979-11-977273-6-8 (13320)

초판 1쇄 2024년 9월 30일

이 책의 판권은 지은이와 도서출판 고유명사에 있습니다.
양측의 서면 동의 없는 무단 전재 및 복제를 금합니다.